Uwe Schmidt

Seidenweber Guido Schmitz
Unternehmer und Menschenfreund

Biberacher Studien Band 8

Uwe Schmidt

Seidenweber Guido Schmitz

Unternehmer und Menschenfreund

Biberacher Studien Band 8

Uwe Schmidt
Seidenweber Guido Schmitz
Unternehmer und Menschenfreund
Biberacher Studien Band 8

Herausgeber
Stadt Biberach
Kulturdezernat, März 2008

Text und Recherche
Agentur für historische
Dienstleistungen, Ulm
Dr. Uwe Schmidt

Gestaltung
Lahaye design, Ulm

ISBN 978-3-9806818-5-8

Inhalt

Vorwort

Die Stadt Biberach hat die Anregung von Frau Else Fröscher und Herrn Gerhard Ruhenstroth gerne aufgegriffen, die ehemalige Seidenweberei Schmitz vor dem Vergessen zu bewahren. Beide sind frühere Mitarbeiter der Firma und haben geholfen, wertvolle Gegenstände und Zeugnisse vor dem Untergang zu bewahren. Sie befinden sich nun im Museumsmagazin und in den Städtischen Archiven. Beide, insbesondere Gerhard Ruhenstroth, haben diese Monografie mit Rat und Tat unterstützt. Sie waren es auch, die die Ausstellungsgestalter Dr. Uwe Schmidt und Dominik Lahaye bei der Konzeption der Begleitausstellung beraten haben.

Dass die Beiden – und nicht nur sie – sich noch 19 Jahre nach der Schließung des Betriebes mit ihrer alten Wirkungsstätte so sehr identifizieren deutet darauf hin, dass es sich nicht um einen alltäglichen Betrieb mit einem gewöhnlichen Chef handelte. Der Ulmer Historiker Dr. Uwe Schmidt hat durch akribisches Aktenstudium die Schmitzschen Chrakteristika rekonstruiert, angereichert durch Eindrücke aus aufschlussreichen Gesprächen mit den Kindern Andrea und Werner Schmitz.

Wir werden immer wieder gefragt, was das Geheimnis des Biberacher Wohlstandes ist. Die Antwort darauf fällt nicht ganz leicht, denn dieser Wohlstand ist ein flüchtig Ding, wie wir aus den Höhen und Tiefen unserer Stadtgeschichte wissen. Der heutige Wohlstand kennt allerdings einige bedingende Faktoren die, von Zufällen und Glücksgriffen abgesehen, als solide Basis des Erfolgs genannt werden können. Eine dieser Grundbedingungen ist die Bereitschaft zur Innovation. Deshalb spüren wir seit Jahren der Frage nach, welches die innovativen Meilensteine in der Biberacher Geschichte, nicht nur der Industriegeschichte, waren. Im Jahr 2000 erinnerten wir mit einer Ausstellung im Museum an die industrielle Aufbruchstimmung vor hundert Jahren. Schon damals, um 1900, war die W. Schmitz & Cie. mit 56 Beschäftigten die Nummer 5 unter den Arbeitgebern. Mit den großen Firmenporträts „Liebherr“ 2005 und „Handtmann“ 2007, die mit „Vollmer“ und „Boehringer“ fortgesetzt werden, verfolgen wir die Spuren der „Biberacher Innovationen“ bei den „Großen“ der Biberacher Industrieunternehmen weiter.

Unternehmen bestehen nicht nur aus Maschinen, Produkten und Zahlen, sie sind vor allem soziale Organismen, empfindlich und ziemlich robust zugleich. Dieses soziale Gefüge wird stark geprägt von den Führungskräften. Im Mittelpunkt der bisherigen Industrieausstellungen stehen die Unternehmerpersönlichkeiten. Ihr Charakter, ihre Fachkompetenz und ihr Kommunikationsgeschick stellen einen wesentlichen Erfolgsfaktor dar.

So unterschiedlich die Charaktere auch sein mögen, der Habitus des „Pater familiae“: strenger Wegweiser und fürsorgliches Vorbild, ist allen gemeinsam. Zu den patriarchalischen Zügen gehört, nicht immer selbstverständlich, die Wertschätzung, die der Belegschaft entgegen gebracht und von dieser erwidert wird - wie im vorliegenden Fall – lange über des Fabrikherren Tod hinaus.

Das Attribut „Menschenfreund“ wird oft leichtfertig vergeben. Das ist Grund genug, diesem Begriff zu misstrauen. Wer aber in diesem Band nachliest, wie sehr die Sorge für die Mitarbeiter, und ganz generell das Engagement in sozialen und Bildungsfragen, das Handeln von Guido Schmitz bestimmte, wird diese Begriffswahl für angemessen halten. Sein fast vergessenes Engagement als Leiter des DRK in den Nachkriegswirren zeichnet ihn besonders aus.

Bleibt der Kunstliebhaber Schmitz, dessen stupende Kultiviertheit sich nicht nur in mutigem und kenntnisreichem Mäzenatentum manifestiert, er hat auch als Bauherr Maßstäbe gesetzt, die über die Zeit hinaus Gültigkeit besitzen. Zumindest bei Guido Schmitz ist zu erkennen, dass Kultur und Bildung jene Offenheit gegenüber der Welt zu stimulieren vermögen, die sich notwendig zu den schon genannten Erfolgsfaktoren gesellt.

Personenunternehmen, so meinen wir aus heutiger Biberacher Perspektive, bilden die Felsen in der wilden Brandung der anonymen Kapitalmärkte. Dass auch solche „Rocher de bronze“ untergehen können, weil Märkte sich grundlegend wandeln, weil die Kapitaldecke zu kurz ist, weil unternehmerische Fehler begangen werden und einmal das Quäntchen Glück fehlt, auch das lehrt diese Geschichte.

Guido Schmitz akzeptierte eine bescheidene Stellung als Portier – und fand Halt und Zuversicht in seinen Büchern.

Dr. Hans-Peter Biege
Kulturdezernent

Wilhelm Schmitz im Vordergrund sitzend, um 1908

Anfänge

Im Sommer 1898 reiste ein Direktor Sänger im Auftrag von Wilhelm Schmitz durch Oberschwaben auf der Suche nach einem geeigneten Standort für ein Zweigwerk der Seidenweberei Wm Schmitz & Co in Zürich. Möglicherweise ging die Initiative von der Stadt Biberach aus, denn in einem Zeitungsartikel wurde auf eine „Wasserkraft-Offerte“ hingewiesen.[1]

Wilhelm Schmitz folgte damit dem Beispiel zahlreicher schweizerischer Unternehmer, die mit der Gründung von Filialen die Schutzzollpolitik des Deutschen Reiches umgingen. Außerdem spielten, im Gegensatz zu den Verhältnissen in der Schweiz, wo sich die Wasserkräfte in festen Händen befanden, die frei verfügbaren oberschwäbischen Wasserkräfte eine gewichtige Rolle, wie auch die Südbahn, das Rückgrat der Industrie in Oberschwaben, das die Unternehmen an das internationale Schienennetz anband. Vor allem in den 1850er und den frühen 1870er Jahren investierten Schweizer Unternehmer Kapital jenseits des Bodensees, wodurch sie die Industrialisierung Oberschwabens beschleunigten. Genannt seien die Sohllederfabrik Hüni & Cie. in Friedrichshafen 1859 (bis zur Jahrhundertwende das einzige Industrieunternehmen), Escher & Wyss in Ravensburg (1857), die Flachs-, Hanf- und Abwergspinnerei in Weingarten (1865) oder die Papierfabrik in Baienfurt.[2]

Wilhelm Schmitz wurde am 21. November 1853 in Rölsdorf, einem heutigen Stadtteil von Düren, geboren. Über die ersten Jahrzehnte seines Lebens ist nichts bekannt. Verheiratet war er mit Anna Charlotte, geb. Dahm, die am 5. Juli 1862 in Kreuzlingen, Kanton Thurgau, geboren wurde und, erst 38-jährig, am 22. Dezember 1900 verstarb. Aus der Ehe gingen vier Kinder hervor, aber nur zwei erreichten das Erwachsenenalter: Kurt Viktor starb im Alter von vier Jahren 1889 und die im Juli 1891 geborene Edith Margaretha vollendete ihr zweites Lebensjahr nicht. Alfred Willy kam am 13. März 1887 zur Welt; als letztes Kind folgte Guido am 4. Juni 1894. Die Familie wohnte in der Tödistraße 52.[3]

In Zürich, dem im letzten Drittel des 19. Jahrhunderts nach Lyon weltweit zweitbedeutendsten Standort der Seidenindustrie mit über 40 000 Beschäftigten im Jahre 1870,[4] suchte Wilhelm Schmitz den beruflichen Erfolg. Zum Jahresbeginn 1886 trat er in die Seidenwarenfabrik S. Mayer & Co. ein, die gemeinsam mit Simon Mayer als Kollektivgesellschaft geführt wurde. Das Geschäftslokal befand sich in der Seidengasse 9, ab 1896 in der Lavaterstraße 53.[5] Das Unternehmen war als Verlag organisiert: Die Weber aus Zürich und Umgebung holten sich auf der Geschäftsstelle das Garn und lieferten dorthin das fertige Produkt.[6] Als Wilhelm

Zürich, Tödistraße 52: das Wohnhaus der Familie Schmitz

Schmitz in die Zürcher Geschäftswelt eintrat, lebte er vermutlich noch nicht an der Limmat. Erst am 20. November 1892 meldete er sich bei den städtischen Behörden an.[7] Wilhelm Schmitz reüssierte als Unternehmer. 1897 wurde sein Name in den Firmennamen aufgenommen: Wm Schmitz & Co. Zwei Jahre später wurde der Geschäftsbetrieb ausschließlich auf die Herstellung von Seidenwaren beschränkt.[8] In den folgenden Jahren wechselten Schmitz' Geschäftspartner. Schließlich trat zum 1. April 1912 Sohn Alfred als Kommanditär in das Unternehmen ein, das sich nun vollkommen in Familienbesitz befand.[9]

In der Mittelmühle in Birkendorf fand Schmitz' Beauftragter Sänger den geeigneten Standort. Sie war 1672 als Papiermühle errichtet worden, in der bis 1843, als die Mühle einem Brand zum Opfer

Biberach 1903

fiel, Papier hergestellt wurde. Danach wurde sie zunächst als Sägemühle, ab 1852 als Getreidemühle betrieben.[10] Ein Visitationsprotokoll beschrieb 1845 die Mittelmühle als „nach den besten Grundsätzen der Mechanik konstruiert".[11]

Wilhelm Schmitz erwarb am 10. November 1898 die Mühle für 35 000 Mark und reichte im folgenden Monat bei der Biberacher Stadtverwaltung das Gesuch für den Bau einer Seidenfabrik und eines Kessel- und Turbinenhauses ein.[12] Stadtverwaltung und Gemeinderat unterstützten das Projekt. Unter Sängers Leitung konnte der Bau nach seinen Plänen dank der günstigen Witterungsverhältnisse in kürzester Zeit durchgeführt werden.[13]

Der Bau einer Dampfkesselanlage war wegen der nicht ausreichenden Wasserkraft notwendig, obwohl im Sommer 1898 anstelle des Mühlwerks eine Giscard-Turbine eingebaut worden war, die bei 700 l/s eine Leistung von 10,5 PS erbrachte. Im Kesselhaus wurde ein von den Eisenwerken Gaggenau hergestellter Dampfkessel mit einer Heizfläche von 28,2 qm und 7 atü max. und einer Leistung von 24 PS aufgestellt.[14] Die Dampfkraft trieb 25 mechanische Webstühle an.[15] Nach einer Besichtigung der fertig gestellten Fabrik sparte der „Anzeiger vom Oberland" nicht mit Lob über „die wahrhaft gelungene, schöne und exakte technische Betriebsanlage, an der nicht ein Jota zu fehlen scheint".[16]

Websaal, um 1910

Am 1. März 1899 eröffnete die Seidenweberei Schmitz ihren Betrieb. Am Abend fand im Saal der Brauerei Gerster, im „Haberhäusle", ein festliches Abendessen statt, an dem selbstredend Wilhelm Schmitz nebst Gattin und die Monteure, Handwerksmeister und deren Gehilfen, die bei der Einrichtung und dem Umbau der Fabrik mitgewirkt hatten, teilnahmen. „Bald", lesen wir im „Anzeiger vom Oberland", „entwickelte sich, hervorgerufen durch Musik-, Gesangs- und deklamatorische Beiträge, eine heitere Stimmung, die sich noch steigerte, als sich ein Quartett und Solisten vernehmen ließen. Namens der Eingeladenen dankte Herr Flaschnermeister August Sourisseau für die erwiesene Aufmerksamkeit und hob insbesondere die Verdienste, die sich Herr Direktor Sänger durch die Errichtung des Etablissements in unserer Stadt erworben habe, hervor. Redner schloss mit besten Wünschen für das Gedeihen des Unternehmens. Herr Direktor Sänger erwiderte in herzlicher Ansprache. Manch frohes und ernstes Lied, bald in schweizerischer, bald in schwäbischer Mundart, erklang, und so schloss erst in später Stunde die anregende Feier."[17]

Anfangs beschäftigte die Seidenweberei schweizerische und italienische Fachleute, bis einheimische Arbeiterinnen und Arbeiter angelernt waren. Die ausländischen Arbeiter schliefen in Schlafräumen im obersten Stock des Wohnhauses, die mit elektrischem Licht und einer Dampfheizung ausgestattet waren.[18] Die Seidenweberei gedieh nach Wunsch. Im September 1906 reichte Schmitz ein Baugesuch für einen Websaal ein, der faktisch einen Neubau darstellte und in der Form eines Glassheddachs ausgeführt wurde. Da jeder Webstuhl mit einem eigenen Elektromotor ausgestattet war und sich dadurch die Laufleistung und

Die Seidenweberei um 1910

Produktivität erhöhte, musste auf ein Zweischicht-System umgestellt werden. Bis 1911 verfünffachte sich die Zahl der Webstühle.[19]

Allerdings bereitete der Dampfkessel schon nach kurzer Zeit unerwartete Schwierigkeiten. Im April 1903 stufte der Ingenieur Emil Eitle, Inspektor des Württembergischen Dampfkesselrevisionsvereins, der alle Dampfkessel in Württemberg überwachte, den Kessel in „betriebsgefährlichen Zustand" ein und erwirkte bei der Regierung des Donaukreises in Ulm, dass der Dampfkessel vorläufig nicht in Betrieb genommen werden durfte. Die Entscheidung der Kreisregierung erforderte eine Erweiterung des Kesselhauses und den Kauf eines zweiten Kessels. Zugleich erhielt die Seidenweberei einen 25 Meter hohen Schornstein. Der Kessel, vom Typ Cornwall und von einer Cannstatter Fabrik hergestellt, leistete 24 PS.

Die Kreisregierung erteilte im August 1903 die Betriebserlaubnis. Auch der erste Kessel durfte im Dezember des gleichen Jahres wieder in Betrieb genommen werden.[20] Als zweite Energiequelle erhielt die Seidenweberei 1902 Gas aus dem städtischen Gaswerk, das wohl für Gasmotoren, die Generatoren zur Stromerzeugung für die elektrische Beleuchtung antrieben, genutzt wurde.[21]

1912 übernahm der Sohn Alfred Schmitz die Leitung, nachdem er sein Studium an der Webschule, der heutigen Textilingenieurschule in Krefeld abgeschlossen hatte.[22] Bereits 1911 wurde Guido Schmitz in die Betriebsführung eingearbeitet. 1916 nahm er seinen ständigen Wohnsitz in Biberach, als Alfred nach seinem Militärdienst in Ulm an der Westfront eingesetzt wurde, wo er bei Verdun verwundet wurde.[23]

Am 28. Juni 1914 fielen in Sarajewo die tödlichen Schüsse auf den österreichischen Thronfolger Karl Ferdinand und seine Gemahlin. Schlag auf Schlag trieb Europa in die Katastrophe, die Millionen Menschen das Leben kostete. Zunächst scheint die Schmitzsche Seidenweberei vom Krieg unberührt geblieben zu sein. Gewiss wurden Arbeiter an die Front berufen. Da aber der überwiegende Teil der Belegschaft weiblich war, dürften die Einberufungen kaum Auswirkungen auf die Produktion gehabt haben. Allerdings musste Guido Schmitz selbst Männerarbeit leisten, als Heizer der Dampfmaschine, als Maschinist und Webmeister.[24] Die Zufuhr von Rohmaterial war offensichtlich gesichert.

Erste Unruhe breitete sich unter den deutschen Seidenfabrikanten im Juli 1915 aus, als sie befürchteten, dass in Italien und Frankreich die Ausfuhr von Rohseide und Schappe über die Schweiz nach Deutschland verboten werden könnte, vor allem bei letzterer schien das Exportverbot wegen der deutschen Schutzmaßnahmen nur noch eine Frage der Zeit zu sein. Zur Sicherung des Heeresbedarfes plante das Kriegsministerium eine Beschlagnahme der Schappebestände, gegen welche die Fabrikanten, eine Beeinträchtigung ihres Wirtschaftens befürchtend, Einspruch erhoben, da die Händler ihrer Ansicht nach zu jeder Zeit in der Lage waren, den Bedarf ausreichend zu decken. Inwieweit die Seidenweberei Schmitz von der nach dem September 1917 durchgeführten Beschlagnahme bestimmter Seidengarne wie Grège, Organize, Trame oder Schappe betroffen war, lässt sich nicht erschließen.[25] Mitunter litt die Seidenweberei an Kohlenmangel, wie der Kauf von Koksgries aus dem städtischen Gaswerk zu einem weit höheren Preis, als ihn die Gärtner der Stadt bezahlen konnten, vermuten lässt.[26] Dennoch gelang es Schmitz, die Seidenweberei durch die Kriegswirren unbeschadet zu führen.

Guido Schmitz

Guido, der jüngste Spross der Familie, wuchs behütet in einer gutbürgerlichen Familie auf. Über seine Kindheit und Jugend wissen wir nichts. Gewiss traf der frühe Tod der Mutter im Jahre 1900 den Sechsjährigen hart und prägte sein Verhältnis zu Frauen entscheidend. Ihnen gegenüber verhielt sich auch der reife Mann zurückhaltend und korrekt.[27] Nach der Volksschule kam der Jüngling an die Zürcher Handelsschule. In Zürich geboren und als Schweizer aufgewachsen, konnte es nicht ausbleiben, dass der Vater dem Sohn das Zürcher Bürgerrecht erwarb. Am 22. Juli 1911 nahm die Stadt Guido Schmitz in ihr Bürgerrecht auf.[28] Auch der Sportverein „Grashoppers Zürich" machte sich für den jungen Sportler stark und wünschte, dass der talentierte und fleißige Sportsmann Guido Schmitz, der jährlich rund 2000 Kilometer auf dem Zürichsee ruderte, Schweizer Staatsbürger wurde.[29] Bald darauf schickte der Vater Guido nach Paris zur weiteren kaufmännischen Ausbildung und danach nach Biberach, um praktische Erfahrungen in der Betriebsführung zu sammeln. Zunächst pendelte Guido vierzehntägig zwischen Zürich und Biberach, doch 1916 nahm er, wohl kriegsbedingt, seinen ständigen Wohnsitz in Biberach.[30]

Guido Schmitz heiratete im Frühjahr 1921 Elisabeth Schulte aus dem lothringischen Diedenhofen, dem heutigen Thionville,

Elsbeth Schulte um 1920 ...

... und als Lothringerin

Sonntäglicher Kaffee und Kuchen: Mutter Elsbeth, ihre Mutter, Gert und Andrea

wo sie am 19. April 1889 zur Welt gekommen war. Während des Ersten Weltkrieges pflegte sie im Straßburger Lazarett geistig verwirrte Verschüttete. Für ihren aufopferungsvollen Dienst erhielt sie das Eiserne Kreuz Erster Klasse sowie die Kaiser-Wilhelm-Plakette. Die vormalige Schmitzsche Haushälterin in Zürich, ein Fräulein Wolf, das ebenfalls im Straßburger Lazarett als Oberschwester arbeitete, brachte Guido und Elsbeth, wie Elisabeth genannt wurde, zusammen. Es war Liebe auf den ersten Blick, denn sie entsprach dem mütterlichen Typ, nach dem sich Guido sehnte. Am 18. Januar 1922 kam das erste Kind, Werner, zur Welt, Gert wurde am 25. Juni 1924 geboren und Andrea folgte als Nesthäkchen am 10. Juni 1928.[31]

Guido und Elsbeth führten eine harmonische Ehe. Sie begegneten sich in liebevoller Weise, zu Auseinandersetzungen und Streit kam es nie und Schimpfen war im Hause Schmitz unbekannt. Guido teilte mit seiner Frau alles, er schätzte und lobte ihren gesunden Menschenverstand. Elsbeth verehrte ihren Mann, obgleich sie mitunter unter seiner häufigen Abwesenheit litt. Denn morgens verließ er früh das Haus und kehrte erst spät zurück. Geduldig wartete sie, treu sorgend und mütterlich, mit dem Essen, das sie oft genug dreimal aufwärmte. Guido war häufig auf Geschäftsreisen. Doch kaum fuhr der Zug an Warthausen vorbei, schrieb er ihr den ersten Brief, dem täglich weitere folgten, bis er wieder nach Biberach zurückgekehrt war. Guido Schmitz war ein Familienmensch. Die Familie stand im Mittelpunkt seines Lebens, Sonntag war Familientag, den er mit seinen Kindern verbrachte. Tischspiele, Ball spielen, Spaziergänge oder Radausflüge in den Wald brachten fröhliche Stunden. Guido Schmitz war ein strenger Vater, dessen Wünsche im Vordergrund standen. Es bereitete ihm Schwierigkeiten, wenn jemand anderer Meinung war, vor allem dann, wenn Gert für die in der Familie so genannten kontroversen Diskussionen sorgte.[32]

Auf eine gute Ausbildung, selbst in schwierigen Zeiten, legte Guido Schmitz größten Wert, nur das Beste vom Besten kam für ihn in Frage. Als in den ersten Nachkriegswochen die Schulen noch geschlossen waren, erhielten die Kinder Privatunterricht zu Hause: Englisch, Stenografie und Betriebswirtschaftslehre. Andrea nahm an einem kunst- und kulturgeschichtlichen Unterricht teil, und Hugo Häring, seit 1943 wieder in seiner Heimatstadt lebend und mit Guido Schmitz gut befreundet, hielt samstags Lesungen auf den verschiedensten Gebieten. „Zuweilen allerdings fehlt die Fähigkeit der Konzentration", gestand Schmitz einem Freund.[33] Als in den Nachkriegsjahren keine seinen Vorstellungen entsprechende Schule in Biberach vor-

handen war, schickte er Andrea nach Stuttgart auf die Waldorfschule, wo sie 1948 ihr Abitur ablegte. Danach ließ sie sich in Genf zur Übersetzerin ausbilden, nicht wissend, dass sie den erlernten Beruf nur für eine kurze Zeit ausüben sollte. Nach dem Diplom 1953 bewarb sie sich an der Hochschule für Gestaltung (HfG) in Ulm. Sie sollte Sekretärin von Max Bill werden, doch Inge Aicher-Scholl entschloss sich, Andrea Schmitz als Bibliothekarin anzustellen. Nach einem Schnellkursus in London baute sie bis 1959 die Bibliothek der HfG auf. Von 1960 an arbeitete sie, abgesehen von einem Intermezzo als Sekretärin am Romanischen Seminar der Ludwig-Maximilian-Universität in München, als Bibliothekarin in Darmstadt und München, wo sie ihren Lebensabend verbringt.[34]

Auch den beiden Söhnen ließ Guido Schmitz eine gute Ausbildung zukommen, die er selbst nicht genossen hatte. Werner kam 1939 auf die Odenwaldschule in Heppenheim, wo er 1942 sein Abitur machte. Als schweizer Staatsbürger wurde er nicht zur Wehrmacht einberufen. Auf Wunsch der Schule unterrichtete er bis zum Kriegsende in der Unterstufe Mathematik, Deutsch und Sport. Anschließend studierte Werner Schmitz Textilingenieur an der Webschule in Krefeld und arbeitete zunächst als Disponent in einer

▸ Werner, Andrea und Gert bei Winterfreuden …
▸ ▸ und beim Jojo-Spielen

Zürcher Modefirma, ehe er in den väterlichen Betrieb zurückkehrte, in dem er dem Vorstand der Schmitz & Co. angehörte. 1968 wurde Werner Schmitz Vorstandsmitglied der Textilfirma Schiel AG in Wien, mit der die Schmitz & Co. kooperierte. Nach dem Konkurs der Seidenweberei im Jahre 1970 wechselte er zum Unternehmen eines Schulfreundes, der Koepp AG in Östrich im Rheingau. Werner Schmitz ging 1987 in Rente und arbeitete bis zum Frühjahr 2007 als freiberuflicher Industrieberater. Heute lebt er in Kronberg/Taunus.[35]

Nach dem Abitur studierte Gert Schmitz Philosophie und Geschichte an den Universitäten Tübingen und Zürich, wo er bei Prof. Emil Staiger zum Dr. phil. promovierte. Seine Dissertation mit dem Titel „Die List der Vernunft“ wurde 1951 in Biberach gedruckt. Das Studium an der London School of Economics beendete er nach wenigen Semestern ohne Abschluss, lernte aber dann als Volontär bei der Treuhandvereinigung in Frankfurt/Main das Bank- und Wirtschaftswesen kennen. Auch Gert Schmitz kehrte nach Biberach zurück und führte als Vorstandsmitglied zusammen mit Vater und Bruder die Seidenweberei. 1970 wurde er Berufsschullehrer in Hamburg, dem einzigen Bundesland, in dem auch Ausländer in den Schuldienst aufgenommen wurden. Nach dem aktiven Schuldienst war Gert Schmitz bis zu seiner schweren Erkrankung im Herbst 2007 als Personalberater und Graphologe freiberuflich tätig.[36]

Der Vater, Guido Schmitz, verstand sich zeitlebens als schweizer, für sein Geburtsland schwärmte er. Oft genug bewahrte das Schweizer Staatsrecht ihn vor den Unbilden der Zeitläufte, und oft genug nutzte er es, um sich vor politisch bedingten Unannehmlichkeiten zu bewahren. So war er während des Ersten Weltkrieges kaum zu nationalen Verpflichtungen bereit. Während andere Biberacher Unternehmer dem Roten Kreuz namhafte Geldbeträge spendeten, erschien Guido Schmitz nur ein einziges Mal, im Dezember 1917, auf einer Spenderliste. Nicht unerwähnt soll bleiben, dass die Seidenweberin Berta Buck im November 1916 gewiss schwer verdiente 50 Pfennig spendete.[37]

Während der nationalsozialistischen Diktatur schützte ihn, der mit äußerster Distanz dem braunen Regime gegenüberstand, der Schweizerpass vor Übergriffen und bewahrte ihn davor, in die NSDAP oder eine ihrer Gliederungen eintreten zu müssen, abgesehen von der „Deutschen Arbeitsfront" (DAF), in die er als Unternehmer beizutreten gezwungen war. Doch während des Krieges barg seine schweizerische Nationalität Gefahren in sich, deren er sich bewusst war. Als ein Freund bei Beginn des Frankreichfeldzugs im Mai 1940 ihm riet, die deutsche Staatsbürgerschaft anzunehmen, da er eine Besetzung der Schweiz durch Hitlerdeutschland und Nachteile für Guido Schmitz befürchtete, antwortete ihm Guido Schmitz: „Ich muss diese Gefahren auf mich nehmen. Es liegt mir nicht, angesichts solcher Gefahren hinüberzuwechseln. Ich leide schon lange unter diesem Zwiespalt. Denn Sie wissen und fühlen richtig, wie stark meine Bindungen mit und zu Deutschland sind, aber es ist eben nicht so, dass ich nicht auch zur Schweiz Bindungen hätte. Ich gebe mir Mühe, aufrecht und aufrichtig und anständig diesen Konflikt zu tragen und zu bewältigen, ungeachtet geschäftlicher Interessen." An und für sich sah er sich als eine neutralisierte Person. Denn die Schweiz habe ihn offensichtlich freigegeben und für Deutschland käme er als Soldat nicht mehr in Frage.[38]

Die Kinder wurden dem „Dritten Reich" gegenüber kritisch erzogen, mussten aber gleichzeitig lernen, den Mund zu halten. Nur Andrea wurde erlaubt, bei den „Jungmädels" mitzumachen, weil sie – Kind, das sie war – nicht allein und ausgegrenzt sein und auch eine Uniform haben wollte. Ihr wurde aber von den Eltern strikt verboten, eine „Führerinnen"-Rolle zu übernehmen. Als sie, wie ihre Schulkameradinnen,

Guido Schmitz
in jungen Jahren

am 20. April 1944, an „Führers" Geburtstag, zwangsweise in die NSDAP aufgenommen werden sollte, überzeugte sie auf Drängen Gerts den Ortsgruppenleiter, dass sie als Schweizerin nicht der NSDAP beitreten könne, wozu gewiss Mut gehörte. Als Guido Schmitz das Bundesverdienstkreuz verliehen werden sollte, begründete er, der derartige Auszeichnungen verabscheute, seine Ablehnung damit, dass er als schweizer Staatsbürger ausländische, hier einen deutschen Orden, nicht annehmen dürfe.[39]

Guido Schmitz war eine vielschichtige Persönlichkeit, deren Interessen und Vorlieben über das Berufsleben hinausgingen. Schon früh entwickelte er ein besonderes, lebenslanges Interesse für Literatur und Kunst. So bereute es der Vater in einem Brief aus dem Jahre 1916, dem Sohn einen Kunstratgeber geschenkt zu haben, der wohl dazu geführt hatte, dass Guido zu viel Geld für Bücher ausgab. Für den Vater völlig unbegreiflich, denn in der Zürcher Familienbibliothek stand seiner Ansicht nach genügend Lektüre zur Verfügung.[40] Guido baute sich im Laufe seines Lebens eine stattliche Bibliothek auf. Seine besondere Liebe galt der Lyrik. Unzählige Gedichte, die ihm gefielen, sammelte er in Ordnern, die er mit Zeichnungen und Fotografien ausschmückte. Insgesamt kamen rund 40 Ordner gesammelter Lyrik zusammen. Literatur gehörte zum Alltag. Oft genug rezitierte er Gästen und der Familie an Stelle eines gemütlichen Kaffeeplausches aus Büchern.[41] Seine Liebe zur Kunst entfaltete sich erst nach dem Ende des Zweiten Weltkrieges. Guido Schmitz besaß ein ausgeprägtes ästhetisches Empfinden. Der begeisterte Fotograf suchte und fand fein strukturierte Motive in der Natur, die für neue Dessins genutzt wurden.[42]

Guido Schmitz liebte die Natur. So oft wie möglich, wenn es die Zeit erlaubte, unternahm er Spaziergänge. Wie wichtig ihm die Natur war, bezeugt ein Brief, den er Ende Juli 1945 seinem Freund Otto Stockhausen in Frankfurt schrieb. In der freien Natur, diesem Gegenbild zu den trostlosen und von Gewalt geprägten ersten Nachkriegswochen, fand er Trost und Kraft, aber ein befreiendes Gefühl stellte sich nicht ein, im Gegenteil, düstere Zukunftsgedanken traten an seine Stelle:

„Zu all diesem menschlichen – unmenschlichen Treiben stand die Natur in starkem, bewundernswertem Gegensatze. Die Geschöpfe des Waldes und der Felder leben, sofern die Menschen nicht dazwischen knallen, auch in Freiheit. Aber sie überschreiten die ihnen eingeborenen Gesetze nicht. Der Mensch dagegen ist nicht mehr Bestandteil der Natur. Er verleugnet sie und steht außerhalb, bar alles Göttlichen, als ob eine Verdammung auf ihm laste. Die Felder waren bestellt. Alles grünte und blühte in Üppigkeit, von der Sonne beschienen. Frühjahr und Sommer waren selten schön! Unterbrochen wohl von vorübergehenden Regenperioden, aber so, dass man nicht nur die Sonne, sondern auch den Regen als Segen empfand. Die Früchte reiften heran in seltener Fülle. Ohne Stürme und ohne Gewitter begleitete die Natur das unmenschliche Treiben. In Getreidefeldern steht Halm für Halm senkrecht, nur oben durch die Schwere der Ähren sanft gebeugt. Die Luft ist würzig. Die Natur atmet Frieden, sie spendet Reichtum. Solche Sattheit und Geladenheit, die geradezu begehrlich machen, und solche Tiefe und Kraft, auch in den Farben, ist einzigartig. Ein Gefühl des Geborgenseins jedoch, wie es sich sonst bei beginnender Ernte einstellt, will diesmal nicht aufkommen. Die edle Freude am Wohlstand ist gedämpft und getrübt, denn es ist vorauszusehen, dass erhebliche Mengen des Erntesegens beschlagnahmt und abgeführt werden. Der Gegensatz war und ist so stark, dass er beunruhigt und aufwühlt, Spannungen hervorruft ohne zu lösen, die Gedanken grüblerisch und betrachtend in ständiger Bewegung hält. Der Zerstörungswille des Menschen, der bis zur Selbstvernichtung gesteigert ist, steht in einem fast untragbaren Kontrast zur Erhabenheit, Sicherheit und Fruchtbarkeit des Himmels und der Erde!"[43]

Sein außerordentliches soziales Verantwortungsbewusstsein war gewiss Guido Schmitz' herausragendste Eigenschaft. Schon in jungen Jahren sensibilisierte er sich während seines Pariser Aufenthaltes für soziale Fragen, und es empörte ihn, dass die Biberacher Weberinnen neben ihren Maschinen auf Strohsäcken schliefen.[44] Sein soziales Verantwortungsbewusstsein blieb nicht auf den Betrieb beschränkt, die Anliegen der Stadt und ihrer Menschen fanden in ihm einen trefflichen Fürsprecher. So gründete er nach dem Ersten Weltkrieg in Biberach eine Außenstelle des in Stuttgart ansässigen „Vereins für Förderung der Volksbildung", eines Vorläufers der heutigen Volkshochschule. Das Inflationsjahr 1922 bereitete jedoch dem Versuch, das Bildungsniveau zu heben, ein jähes Ende.[45] Im Oktober 1923, in einer Zeit großer Not, bemühte er sich gemeinsam mit den Oberschwäbischen Elektrizitätswerken (OEW) um Kartoffellieferungen für die hungernde Bevölkerung.[46] Auch suchte er die wirtschaftliche Entwicklung Biberachs zu fördern, zum Beispiel 1925, als er die Ansiedlung eines Zweigwerks der Robert Bosch AG unterstützte, die allerdings nicht zustande kam.[47] Schließlich versuchte Guido Schmitz 1923 in großem Maßstab, mit der Gründung des Siedlungsvereins seine sozialpolitischen Ideen umzusetzen, um die große Wohnungsnot in Biberach zu lindern. Landrat Heckmann würdigte Guido Schmitz 1950 als einen Fabrikanten, der „weithin als edel gesinnter, charaktervoller Mann mit überaus großer Nächstenliebe bekannt [ist], der für sich und seine Familie sehr einfache Lebensansprüche stellt, aber für den Not leidenden Nebenmenschen und insbesondere auch für seine Arbeiterschaft jede mögliche Hilfe verwirklicht."[48]

Der Unternehmer

Guido Schmitz' ausgeprägtes soziales Verantwortungsbewusstsein zeigte sich bereits in seiner Anfangszeit in Biberach. Denn spätestens zum Beginn des dritten Kriegsjahres wirkte sich der Krieg auf die Seidenweberei aus. Die Ernährungslage für große Teile der Bevölkerung, vor allem für die Arbeiter und Arbeiterinnen, verschlechterte sich, verstärkt durch Lebensmittelteuerungen, zusehends. Wohl als eine der ersten Maßnahmen als allein Verantwortlicher führte Guido Schmitz im Juli 1916 eine fünfprozentige Teuerungszulage ein. Auch eine wenig später gewährte Prämienzahlung für gute und hohe Leistungen in der Weberei sollte die angespannte soziale Lage entschärfen. Sie blieben jedoch ein Tropfen auf den heißen Stein. Im Hungerwinter 1916/17, dem so genannten „Rübenwinter", als Brot mit Futterrüben gestreckt und andere Lebensmittel, beispielsweise Marmelade, nur noch aus Rüben hergestellt wurden, kaufte Schmitz eine große Menge an Lebensmitteln ein, die zunächst an 45 Arbeiterinnen, deren Männer im Felde standen, verbilligt abgegeben wurden. Im März 1917 durften schließlich alle Arbeiterinnen und Angestellte die verbilligten Lebensmittel erwerben. Auch die Teuerungszulage wurde im Februar 1917 um fünf Prozent erhöht. Am 1. Mai 1917 verbot Schmitz den Genuss jedweden Alkohols und bot dafür Göppinger Sprudel an. Ab Mitte April 1917 arbeitete man nur noch neun Stunden täglich und samstags nur noch von 7.00 bis 13.00 Uhr. Zur Begründung teilte Guido Schmitz seinen Arbeiterinnen mit, er sei der Ansicht, „dass Sie über zu wenig freie Zeit verfügen. Hausfrauen haben Besorgungen zu machen, müssen putzen, flicken, waschen und haben noch für ihre Kinder zu sorgen. Auch die jüngeren, die noch keinen Haushalt führen, brauchen etwas freie Zeit. Das Leben stellt auch an sie noch früh genug größere Anforderungen, und darauf sollen sie sich in ihren freien Stunden rüsten, indem sie sich durch Sport oder Arbeit im Freien körperlich und gesundheitlich stärken." Um konkurrenzfähig zu bleiben, verlangte er die gleiche Arbeitsleistung, die möglich sei, wenn während der Arbeitszeit tatsächlich gearbeitet und keine unnützen Pausen gemacht würden. Schließlich genossen im Juli und August 1917 28 ältere und erholungsbedürftige Arbeiterinnen einen zehntägigen Urlaub auf Kosten der Firma. Um das gesamte deutsche Volk für den totalen Krieg zu mobilisieren, führte das Gesetz über den „Vaterländischen Hilfsdienst", das am 15. Dezember 1916 in Kraft trat, die Dienstpflicht vom 17. bis 60. Lebensjahr und die Beschränkung der Freizügigkeit beim Arbeitsplatzwechsel ein. In Betrieben mit mehr als 50 Beschäftigten wurden Arbeiterausschüsse, in etwa unseren heutigen Betriebsräten entsprechend, mit für die damaligen Ver-

◄ Betriebsausflug 1938 nach Vorarlberg
► Betriebsausflug 1950 auf das Nebelhorn

hältnisse weitgehenden Befugnissen eingerichtet. In der Seidenweberei Schmitz wurde ein Arbeiterausschuss erst am 15. August 1917 gewählt.[49]

Guido Schmitz' Führungsstil war paternalistisch. Der Betrieb sollte eine harmonische Gemeinschaft bilden, mit ihm, dem väterlich Fürsorgenden, an der führenden Position. „Soeben komme ich", schrieb er einmal seiner Tochter Andrea, „vom erfreulichen Teil meiner Tagesarbeit, vom frühmorgendlichen Rundgang durch den Betrieb zurück. Der selbstverständliche doch nicht selbstverständliche Morgengruß, den ich mit jedem wechsle, freundlich, begleitet von einem Lächeln rüber und rüber, stumm oder mit einer persönlichen Frage, wirkt auf mich harmonisierend. Ich erkenne immer wieder, dass solche Beziehungen von Mensch zu Mensch zum Wertvollsten in unserem Leben gehören, auch dass kleinen Handreichungen eine große Bedeutung zukommt."[50] Bereits in den frühen Jahren der Weimarer Republik bot er zur Förderung des Gemeinschaftsgefühls seinen Arbeiterinnen und Arbeitern ein vielfältiges kulturelles Programm an. An gemeinsam verbrachte fröhliche Stunden bei Betriebsausflügen, so 1938 nach Vorarlberg oder 1950 auf das Nebelhorn, erinnerten liebevoll gemachte Fotoalben, die jeder Betriebsangehörige erhielt.[51] Seine Arbeiterinnen

und Arbeiter waren ihm nicht gleichgültig, in ihnen sah er nicht nur ihre Arbeitskraft und ihre Leistungen, sondern auch und in erster Linie den Menschen, für den er sich verantwortlich fühlte. Stets teilte er ihre Nöte und Sorgen, ob im Krankheitsfall – in der Regel besuchte er sonntags die Kranken, um sich nach ihrem Befinden zu erkundigen[52] – oder während des Zweiten Weltkrieges, als seine Arbeiter an der Front standen und deren Frauen noch schwerer durch Arbeit, Kinder und Haushalt belastet wurden. Stets bemühte er sich, die Unbilden der Zeiten für seine Belegschaft abzumildern. Lieber verzichtete er auf persönlichen Gewinn, als dass er einen Mitarbeiter entlassen hätte. „Im Mittelpunkt unseres Werkes", lautete sein Credo, „steht der Mensch, nicht die Maschine. Es gilt, die Technik richtig zu erfassen, damit sie uns nicht verschlingt. Deshalb gehört es zu unserem Streben, die Arbeit zu erleichtern, die menschlichen Beziehungen zu pflegen und für gutes gegenseitiges Verstehen zu sorgen. Der Beruf soll nicht nur Erwerb oder Bürde sein."[53]

Guido Schmitz strebte nach der Überwindung des Gegensatzes zwischen Mensch und Technik, zwischen Natur, der göttlichen Schöpfung, und der Industrie, dessen Auflösung den arbeitenden Menschen aus der Isolierung und Einsamkeit, aus den Fängen und Zwängen der Arbeit und Technik befreien sollte. Seine Unternehmerphilosophie lernen wir in der Schrift „Unsere neuen bauten" aus dem Jahre 1950 kennen, die in der von seinem Freund Hugo Häring bevorzugten Kleinschreibung verfasst wurde. „Als unsere weberei sich in der alten mühle niederließ, zogen wir mit der neuen, zukunfts-

gläubigen ordnung unserer industriellen arbeit in eine alte ordnung ein: in die Ordnung von tal und fluß, von himmelslicht und weide, in die nachbarschaft von baum und tier. Das gesetz dieser beiden ordnungen hat von der ersten stunde an mitbestimmend über unserm verhalten und unseren einrichtungen gestanden, unsichtbar und höchst wirksam. Angesichts der immer härter heraustretenden spaltung zwischen mensch und arbeit, die sich in der jüngsten industriephase abzeichnet, müssen wir die natürliche situation unseres betriebes in zweierlei ordnungen: einer technischen ordnung und einer anderen, die mit ihren kosmischen qualitäten in jede unserer arbeitsstunden hineinwirkt, mehr und mehr als eine glück- und heilsgabe an unser werkunternehmen betrachten. Die schrecken der letzten jahrzehnte haben uns die erkenntnis eingebrannt, dass keine zeit mehr zu verlieren ist mit der hinführung der menschen aus einer nurmehr technisch bestimmten ordnung zu einer neuen, die jene übergreift und die auch das leben des arbeitenden menschen wieder aufnimmt und aus seiner isolierung im technischen befreit."[54]

Der umfassende Umbau der Seidenweberei 1949/50 ermöglichte Guido Schmitz, seine Utopie konkret werden zu lassen: in der Überwindung des Gegensatzes zwischen Natur und Industrie: „Der blick durch die fenster erfasst das flüsschen, das tal mit den wiesen, er steigt in die birken, pappeln und weiden, und er wird von den farben der blumen gefüllt, die in buntem gedränge am ufer angepflanzt sind. Jeder noch so flüchtige aufblick wird von landschaft und garten gespeist und erneut die spannkraft. Im wandel der tages- und jahreszeiten werden die arbeitsplätze in grünlicht und schneelicht, in den schein sonnigen und verhangenen himmels gehüllt, und während die arbeitenden menschen der besonderen funktion ihres tagewerks nachkommen, leben sie zugleich merklich-unmerklich in den dimensionen von weite und höhe, von erde und himmel, und ihre körperlichen und geistig-seelischen kräfte empfangen durch den ständigen wechsel der außenerscheinungen aufladung und entspannung in unendlichen abwandlungen. Pausen und ruhezeiten können in hof und garten, am reizvoll gefassten ufer, unter bäumen

verbracht werden. Der engere umkreis der fabrik in seiner gartenhaften lieblichkeit lässt rundherum den zutritt frei zu der weiteren umgebung, dem offen daliegenden tälchen, von höhen gesäumt. Die wohltätige wirkung, die von einer solchen dem menschen zugetanen umgebung und ordnung ausgeht, kann gar nicht hoch genug eingeschätzt werden. Sie entlässt den arbeitenden nicht einen augenblick aus dem wirkfeld der natürlichen ordnung und ist das erste aller heilmittel gegen alle spaltungserscheinungen des in seiner arbeitsfunktion nurmehr partiell erfassten menschen."[55]

Der Nutzung moderner, zur Produktivitätssteigerung notwendiger Technik verweigerte sich Guido Schmitz durchaus nicht. Ihm kam es aber darauf an, wirtschaftlichen Sachzwang und die Bedürfnisse der arbeitenden Menschen zu vereinen. Eine treffliche Möglichkeit dazu bot ihm die Klimaanlage für den Websaal, die dort im Zuge des Umbaus eingebaut wurde. In ihr sah er keine Technik, die „aus fabriken, warenhäusern und sonstigen betrieben ‚autonome' räume [macht], das heißt sie vom außenklima abzuschneiden und mit einem möglichst schwankungsfreien künstlichen klima zu versorgen. Eine rein rationale fantasie bleibt immer außerhalb des lebendigen.

Denn nicht nur, dass man den ungeheuerlichen Schritt unternimmt, vom lebendigen menschen abzusehen, indem man ihn für den hauptteil des tages – und also seines lebens – in einem womöglichen fensterlosen raum und in einem rein technisch erzeugten klima ansiedelt – den roboter in der retorte – man handelt auch in betriebstechnischer hinsicht widersinnig, denn man wählt die sicherste methode, das organische spannungsverlangen des menschen auszuschalten, seine arbeitskräfte der erschlaffung auszuliefern und damit ihn selbst der anfälligkeit und krankheit auszusetzen. Solche in ihrer rationalität instinktlosen, um nicht zu sagen zynischen konstruktionen müssen ausgetragen werden – auf dem rücken arbeitenden menschen – wenn das technische reglement als einziger ordnungsbezug übrig bleibt." Die Klimaanlage der Seidenweberei riegelte dagegen den Websaal nicht von den Einflüssen der Witterung ab, die „durch die fenster der sheddächer und der außenwände nach wie vor eindringt und durch abkühlungen und erhitzungen die im lebensraum des menschen so notwendigen spannungen erzeugt, die seine widerstandskraft anfordern, ermüdende gleichförmigkeit verhindern und die spannkraft beleben."[56]

Guido Schmitz setzte dieses Prinzip konsequent um – selbst die Farbgebung der Arbeitsräume und der Arbeitskleidung der Arbeiterinnen wurde ihm unterworfen: „Noch ein anderes element des lebens haben wir in unsere arbeitswelt hereinzuholen versucht: die farbe. In heiteren akkorden von rot, von gelb und blau überspielt sie frischweg die türen und streicht als ermunternder klang über dem stählernen bezirk der maschinen im großen websaal entlang, wie ein lächeln über strenge züge hinwegschwebt, befreiend und lösend. Und als wir für die arbeiterinnen im websaal kittel schufen, kastanienbraun mit apfelsinenfarbigen vorstoß, und für die weibliche belegschaft der übrigen fabrikation solche aus hellem blau mit dunklerblauem vorstoß, war uns wiederum nicht an der praktischen erleichterung für den kleiderverbrauch unserer betriebsangehörigen gelegen. Sondern wir waren uns der leisen verwandlungsmagie bewusst, die von einem arbeitskleid ausgeht, dessen sachliche schlichtheit sich in der kraft der farbe darstellt und das empfindliche medium der seele ohne ihr wissen in seine positive stimmung hineinzieht."[57]

Weimarer Republik

Die Belegschaft in den 1920er Jahren

Gewiss hinterließ die Krise der Nachkriegsjahre Spuren auch in der Seidenweberei Schmitz. So bedrohte 1919 der Kohlemangel die Existenz der Fabrik. Auf die Bitte von Schmitz ordnete der Gemeinderat der städtischen Forstverwaltung an, 30 Raummeter Papierholz zu liefern, damit der Betrieb aufrechterhalten werden konnte.[58] Nach dem Tod des Vaters übernahm Guido Schmitz am 1. Juli 1921 die Biberacher Filiale, die unter dem alten Namen Wm. Schmitz & Co. als Kommanditgesellschaft weiter geführt wurde. Prokura erhielten sein Bruder Alfred und August Schwarting.[59] Im folgenden Jahr wurde der Firmensitz von der Schweiz nach Biberach verlegt.[60] Trotz der schwierigen, von der Hyperinflation und politischen Unruhen geprägten Anfangsjahre der Weimarer Republik erfuhr die Seidenweberei einen Aufschwung. 1925 zählte sie zu den größten Steuerzahlern der Stadt. Sie bezahle, hob Stadtschultheiß Hammer in einer Gemeinderatssitzung hervor, den letzten Steuerpfennig prompt und weiter könne man in dieser Beziehung eine Vornehmheit wahrnehmen, die nachahmenswert sei.[61]

Eine grundlegende Modernisierung begründete den Aufschwung der Seidenweberei. Technisch veraltete Webstühle

wurden durch Automaten ersetzt, d. h. der Wechsel von leer gelaufenen Webschiffchen auf volle Schiffchen vollzog sich automatisch während der Laufzeit des Webstuhles. Jacquardwebstühle ersetzten einen Teil der Schaftwebstühle, bei denen über die ganze Gewebebreite Kettfadengruppen gehoben und gesenkt wurden. Bei der Jacquardtechnik wurde jeder einzelne Kettfaden, gesteuert von einem Lochkartensystem, gehoben und gesenkt, damit der Schuss ins Fach eingetragen werden konnte. Dadurch wurden auch komplizierte Muster, beispielsweise Blumen, ermöglicht. Damit wandelte sich die Seidenweberei Schmitz vom so genannten Stapelweber großer gleichförmiger Gewebemengen, zum Beispiel als Druckboden, zum Weber vielfarbiger und modischer Gewebe, wie es auch Brokate sind.[62] Erst die Weltwirtschaftskrise setzte der guten Entwicklung ein Ende; noch

Andrea, Elsbeth, Guido und Werner in Krefeld

unmittelbar vor dem „Schwarzen Oktober" 1929 befand sie sich in einem erfreulichen Aufschwung.[63] Bedauerlicherweise sind keine Angaben über die Produktion und Produkte, Verkaufszahlen und Bilanzen überliefert.

1930 geriet die Seidenweberei in Schwierigkeiten, wie anhand der Gewerbesteuer ersichtlich ist. Diese betrug 1929 noch 45 260 RM und sank im Folgejahr auf 40 260 RM. Die Ursache für die schwierige Situation lag hauptsächlich in dem Preisabschlag auf dem Rohmarkt, aber auch darin, dass Schmitz die Überschüsse aus früheren Jahren restlos zum Ausbau und zur Verbesserung der Betriebsanlagen verwendet und dabei zudem Kredite aufgenommen hatte, sodass die Seidenweberei mit Hypotheken schwer belastet war. Unter großen Opfern konnte er 1930 den Betrieb aufrechterhalten, ohne jemanden entlassen oder gar die Fabrik schließen zu müssen, im Gegensatz zu anderen Seidenwebereien, die ihren Betrieb einstellten. Um sein Unternehmen vor der Schließung zu bewahren, bat Schmitz im März 1931 um einen Teilnachlass der Gewerbesteuer.[64] Im Gemeinderat stieß Schmitz' Anliegen nicht auf ungeteilte Zustimmung. Stadtrat Franz begründete seine Befürwortung mit einem überzeugenden Argument. Schmitz habe nicht, und beabsichtige es auch nicht, seine Firma in die steuerbegünstigte Schweiz verlegt, was ihm als Schweizer keine Schwierigkeiten bereitet hätte, aber andere Seidenwebereien getan hätten, wie zum Beispiel die Vereinigten Seidenwebereien in Krefeld, die ihren Haupteinkaufskontor nach Vaduz verlegt habe, oder die Seidenfabrik im benachbarten Waldsee, die dennoch ihren Betrieb teilweise geschlossen und wesentlich eingeschränkt habe. Eine Verlegung der Seidenfabrik würde einen größeren Schaden für die Stadt nach sich ziehen als der beantragte Nachlass. Mit überzeugender Mehrheit beschloss der Gemeinderat einen Steuernachlass von 7323,64 RM. Doch drei Räte lehnten diesen ab, die noch am gleichen Tag bei anderen Unternehmern Stimmung dagegen machten.[65]

In einem Schreiben vom 10. April 1931 protestierten verschiedene Firmen gegen den Gemeinderatsbeschluss. Ganz offensichtlich verletzte dieser Protest Guido Schmitz tief. Stadtschultheiß Hammer erklärte er am 8. Mai 1931, sein Bruder und er fühlten sich mit dem hiesigen Betrieb und Biberach so verwachsen, dass sie beabsichtigt hätten, die Seidenweberei weiter zu führen und auch auszubauen, wozu sie sich moralisch verpflichtet gefühlt hätten, nachdem der Gemeinderat ihnen entgegengekommen sei. Die betriebene Hetze habe sie unangenehm berührt und so sei der Gedanke nahe liegend, dass sie sich künftig in keiner Weise irgendwie verpflichtet fühlten und wegen des hiesigen Betriebs ihre Entscheidungen nach rein betriebswirtschaftlichen Interessen treffen würden. Das ob des Protestes und der Schmitzschen Drohung sichtlich bestürzte Stadtoberhaupt bat Schmitz, die Stadt dafür nicht büßen zu lassen, die nichts dafür könne, wenn derartige Umtriebe gemacht würden. Es sei bedauerlich, dass Firmen die Protestschrift unterschrieben hätten, die selbst Steuernachlässe bewilligt bekommen hätten, oder nur wenig und ein Unterzeichner sogar keine Gewerbesteuer zahlen würden.[66]

Guido Schmitz verzichtete auf den Steuernachlass. Er und sein Bruder trafen eine überraschende Entscheidung und fusionierten mit den Vereinigten Seidenfabriken AG (Verseidag) in Krefeld, dem größten deutschen Seidenkonzern. Anlass zu diesem überraschenden Schritt war der zunehmende und durch die Wirtschaftskrise sich verstärkende Druck, den der Konzern auf das Biberacher Unternehmen ausübte, weil die Seidenweberei Schmitz stets ihre Produkte billiger verkaufte als der Krefelder Konzern. Die beiden Brüder traten am 1. Juli 1931 in den Vorstand der Vereinigten Seidenfabriken ein. Die Biberacher Fabrik wurde weiter betrieben, man beabsichtigte sogar eine Erweiterung, aber die Leitung erfolgte nun von Krefeld aus. Guido Schmitz zog mit seiner Familie nach Krefeld, reiste aber oft nach Biberach.[67]

Der Sozialpolitiker

Im Jahre 1919 trat Guido Schmitz dem „Bund deutscher Bodenreformer" bei, den Adolf Damaschke 1898 gegründet hatte, und vermutlich in gleicher Zeit dem Schwäbischen Siedlungsverein.[68] Damaschke, ein gebürtiger Berliner, suchte aus der Kenntnis des großstädtischen Wohnungselendes, das er selbst, in ärmlichen Verhältnissen aufgewachsen, erlitten hatte, die soziale Not durch die Beschränkung des privaten Bodeneigentums und die Besteuerung von Spekulationsgewinnen zu überwinden. Um seine Erkenntnisse in die Praxis umzusetzen, gründete er Siedlungsgesellschaften und Mietergenossenschaften, so in Frankfurt an der Oder. Seine größte politische Bedeutung gewann der Bund deutscher Bodenreformer nach der Novemberrevolution 1918. Dem Bund gelang es, unterstützt von Hunderttausenden Unterschriften, dass die Bodenreform als „Grundrecht des deutschen Volkes" in die neue Verfassung aufgenommen wurde. Der Artikel 155 der Weimarer Verfassung sollte u. a. die verfassungsmäßige Grundlage für eine erleichterte Enteignung von Grund und Boden liefern und seinen Wertzuwachs der Allgemeinheit zukommen lassen. Die praktische Umsetzung scheiterte jedoch an den politischen Verhältnissen. Zwar beschloss die Nationalversammlung am 10. Mai 1920 das Reichsheimstättengesetz, das jedoch ohne Wirkung blieb, da die dazu erforderliche Reform des Enteignungsgesetzes ausblieb.[69]

Die Bevölkerung Biberachs litt in den ersten Jahren der Weimarer Republik unter den Folgen des verlorenen Krieges. Lebensmittelteuerungen, Nahrungsmittelknappheit, Arbeitslosigkeit, Kohlen- und Wohnungsmangel bestimmten den Alltag der Menschen. Stadtschultheiß Dolls Hauptsorge galt den Nöten der Menschen, „dass man noch wohnen, essen und sich kleiden kann."[70] Obwohl 1919/1920 186 Wohnungen, davon 44 mit städtischen Geldern gebaut wurden, suchten im März 1921 über 100 Menschen eine Wohnung. „So wie die Verhältnisse heute liegen", kommentierte der „Anzeiger vom Oberland", „und leider wohl noch für absehbare Zeit bleiben werden, können Personen, die sich verheiraten wollen und Neuzuziehende auf lange Zeit hinaus nicht mit der Zuweisung einer Wohnung rechnen."[71]

Im Frühjahr 1924 erschien im „Anzeiger vom Oberland" ein Bericht über das Wohnungselend in Biberach. Verantwortlich zeichnete sich ein „Sch", hinter dem wir durchaus Guido Schmitz vermuten dürfen. Denn es gehe nicht nur darum, den zu diesem Zeitpunkt 70 Wohnungssuchenden eine Wohnung zu geben, sondern vor allem darum, neue Wohnungen zu bauen, damit „a l t e, u n g e s u n d e im Interesse der V o l k s g e s u n d h e i t geräumt werden können". Gerade in dieser Beziehung sehe es in Biberach noch recht schlecht aus, wie jüngst genauere Untersuchungen ergeben hätten. Insgesamt betrage der Bedarf mindestens 200 Wohnungen, die gesucht wurden oder aus hygienischen Gründen ersetzt werden müssten. Im Folgenden führte der Anonymus einige Beispiele auf. Die Erhebung in einer Volksschulklasse mit 47 Kindern ergab, dass rund ein Drittel ihr Bett mit Geschwistern teilte, weil aus Platzmangel kein weiteres Bett aufgestellt werden konnte. Achtköpfige Familien lebten in Dreizimmerwohnungen. Eine Familie mit fünf Personen hauste in einer Zweizimmerwohnung ohne Küche und Nebenräume. In den eh bescheidenen Zimmern kochten, wohnten und schliefen Erwachsene und Kinder. Andere Familien, die vier bis fünf Personen zählten, mussten sich ein einziges Zimmer teilen. Kleine Kinder, Jugendliche beiderlei Geschlechts teilten sich mitunter auch mit den Eltern ihre Schlafstellen. Besonders schlimme Verhältnisse herrschten in Dachwohnungen, die unmittelbar unter dem meist nicht abgedichteten Dach lagen und oft kein direktes Tageslicht hatten. Rund 180 Wohnungen besaßen keinen Holzplatz, keine Bühne zum Trocknen der Wäsche und keine Keller, sodass Lebensmittel wie beispielsweise Kartoffeln unter den Betten oder anderen Möbeln gelagert wurden. Der Notwendigkeit der Lösung der Wohnungsnot aus sozialen und sittlichen Gründen fügte „Sch“ noch hygienische und volkswirtschaftliche Argumente hinzu. Ein Patient kehre aus der Heilstätte in die gleichen ungesunden Verhältnisse zurück und werde einer erneuten Ansteckung ausgesetzt. Man denke an die hohe Ansteckungsgefahr der Grippe, wie sie sich in den letzten Jahren (Pandemie 1918/19, die sog. Spanische Grippe) gezeigt habe, oder an Tuberkulose und Rachitis. Zwar gewährleiste die Verfassung die Freizügigkeit für Arbeiter, doch die Wohnungsnot gestattete nur wenigen ihr Recht auf Freizügigkeit, nur in besonderen Fällen könne der Arbeiter den Ort mit den für ihn günstigsten Arbeitsbedingungen wählen. Dies schade nicht nur dem Arbeiter, sondern auch der Volkswirtschaft, da es unter solchen Verhältnissen nicht möglich sei, „den rechten Mann auf den rechten Platz“ zu stellen.[72] Kein Wunder, dass Stadtschultheiß Hammer, der Doll im Frühjahr 1923 ablöste, die Lösung der Wohnungsnot für „am dringlichsten und schwierigsten“ und eine städtische Förderung des Wohnungsbaus für absolut notwendig hielt, der darüber hinaus auch noch Arbeitsplätze schaffen würde.[73]

Wohl in den ersten Monaten des Jahres 1920 brachte Guido Schmitz erstmals den Gedanken an einen Siedlungsbau in Biberach auf. Das Projekt scheiterte jedoch an den Unbilden der Zeit und an den leeren Kassen der Stadt. Am 29. April 1920

Stadtschultheiß
Josef Hammer

schrieb er Stadtschultheiß Doll, den er für dafür gewinnen konnte und in dem er einen eifrigen Mitstreiter fand, dass „die Verwirklichung unserer Idee, selbst beim größten Opferwillen aller Beteiligten, unter den heutigen Umständen vollständig ausgeschlossen ist. Es dürfte Sie gewiss interessieren, dass der Bau der wie geplant gewesenen einfachen Häuschen aufgrund der ab 1. Mai gültigen Innungstarife auf Mk 165 000 kommen würde, wenn die Durchführung einigermaßen solid sein soll.“[74] Doch drei Jahre später kam die Stunde, in der Guido Schmitz seine sozialpolitischen Ideen einbringen konnte.

Stadtschultheiß Hammer und Guido Schmitz initiierten die Gründung des Biberacher Siedlungsvereins, die am 27. April 1923 vollzogen wurde – in der Zeit der galoppierenden Inflation ein gewiss mutiges Unternehmen. Als Rechtsform wurde die Gesellschaft mit beschränkter Haftung gewählt, die aufgrund ihrer Satzungen keine Erwerbsgesellschaft, sondern ein rein gemeinnütziges Unternehmen darstellte. Zum Aufsichtsratsvorsitzenden wurde Stadtschultheiß Hammer, zum Geschäftsführer Guido Schmitz gewählt.[75] In ihm besaß der Siedlungsverein einen „herausragenden Förderer“, wie Hammer seinen Mitstreiter im Januar 1925 würdigte, nachdem der Siedlungsverein 20 Wohnhäuser errichtet hatte, „dessen Idealismus und Tatkraft das Erreichte zu verdanken ist, der aber auch neben seiner großen persönlichen Arbeit die Sache weitgehend unterstützt“.[76] Biberacher Firmen aus Industrie, Handel und Gewerbe sowie die Stadt Biberach waren Gesellschafter, die Anteilscheine à 10 000 Mark zeichneten, so die Stadt Biberach zehn Scheine. Das Stammkapital sollte 1,25 Mio. Mark betragen, das bald erreicht und sogar überschritten wurde. Bis zur Gründungsversammlung zeichneten 28 Personen 133 Anteilscheine, zwei Wochen später war die Zahl der Gesellschafter auf 46 gestiegen. Diese erfolgreiche Sammlung zeigte überdeutlich, welche große Bedeutung der Lösung der drückenden Wohnungsnot beigemessen wurde.[77]

Das beschlossene Bauprogramm, das in vier bis sechs Jahren durchgeführt werden sollte, umfasste die Bebauung des gesamten Galgenbergs mit ca. 250 bis 300 Häusern. Die Siedlung sollte auch Geschäftshäuser, beispielsweise ein Bäcker-, Metzger- und Kolonialwarengeschäft sowie ein öffentliches Gebäude erhalten, in dem u. a. ein Kindergarten untergebracht werden sollten.[78] Ziel des

Siedlungsvereins war es, den Siedlern in kurzer Zeit ein Eigenheim zu ermöglichen. In der Regel sollte eine bescheidene Vorauszahlung geleistet werden und der Kaufpreis, der sich zwischen 8500 und 12 000 Mark je nach Größe und Ausstattung der einzelnen Häuser bewegte, in monatlichen Raten und in höchstens 20 bis 25 Jahren restlos abgezahlt werden. Statt einer monatlichen Miete von beispielsweise 30 Mark, die ein Familienvater 40 Jahre zahlen müsste und einen Verlust von 14 400 Mark bedeutete, ist „die Erwerbung eines Eigenheims ... die beste und sicherste Sparkasse, die der Familie ein gesundes, freies Leben in schönster Gegend abseits der staubigen Hauptverkehrsstraßen bietet."[79]

Im Jahre 1925 brachte der Siedlungsverein eine kleine Schrift heraus, in der er sich selbst und seine programmatischen Grundlagen vorstellte. Der Architekt Paul Schmitthenner, Professor an der Technischen Hochschule in Stuttgart und Verfechter einer bodenständigen Architektur, bereitete seine Gedanken über eine „deutsche Volkswohnung" in scharfer Abgrenzung zu den Wohnverhältnissen in den Großstädten auf. Dort sah er ein schillerndes, aber künstlerisch, hygienisch, sittlich, politisch und volkswirtschaftlich verwerfliches Chaos, eine Sammlung von Höhlen und Massenquartieren für Nomaden, Dunkelheit und Kälte, den Herd verheerender Krankheiten und die Brutstätten von Verbrechertum, Prostitution und politischem Radikalismus. Dem Großstadtmenschen sei der Heimatbegriff geraubt worden. „Das Gefühl der Heimat gibt uns aber den Halt im Leben, macht uns sicher und frei als Mensch unter Menschen und als Bürger im Staat." Schmitthenner zeichnete ein düsteres, die Sehnsucht nach Heimat und Sicherheit hervorrufendes Bild Nachkriegsdeutschlands. Der Tod von Millionen Menschen, die Unterernährung von Millionen Müttern und Kindern bedeuteten den „Tod der deutschen Rassekraft". Nur Arbeit, Arbeit und Arbeit würde Deutschland vor dem Abgrund retten, wie immer gepredigt werde, aber nur „der körperlich und sittlich gesunde und daher fröhliche Mensch" könne die Leistung bringen. Der Weg dorthin führe über die neue deutsche Wohnung: „Sonnige Wohnungen im Gartenland der Siedlung soll die Volkswohnung der Zukunft sein. Dort muss das deutsche Volk gesunden, dort sollen unsere Kinder, Deutschlands Zukunft, aufwachsen."[80] In den Gartenstädten Staaken, Plauen und Oosbogen/Baden-Baden konnte Schmitthenner zwischen 1911 und 1920 seine Vorstellungen modellhaft umsetzen. Kurzfristig galt er als „Erster Baumeister" des „Dritten Reiches", überwarf sich aber bald mit Hitler und der Partei.

Den umfangreichsten Teil der Broschüre nahmen allgemeine Ausführungen über eine Mustersiedlung ein. Der Artikel war nicht namentlich gekennzeichnet, doch es liegt auch hier die Vermutung nahe, dass Guido Schmitz ihn verfasste. Die Basis für die Mustersiedlung stellte das genossenschaftliche Prinzip dar, ohne dass der Verfasser auf die Rechtsform näher einging. Entscheidend war jedoch das Folgende: „Alles soll mitarbeiten an der Aufgabe. Jeder an seinem Platz. Die Behörden, die Besitzer von Grund und Boden, die Baumeister, die Handwerker und schließlich nicht zuletzt diejenigen, für die gebaut werden soll."[81] Mitglieder einer gemeinnützigen Siedlungsgenossenschaft sollten diejenigen sein, die aus eigener Kraft ihren Wunsch und ihr Bedürfnis nach einer eigenen Wohnung mit Garten erfüllen können. Die Lage sollte am Stadtrand liegen und die Wege zum Arbeitsplatz bequem, rasch und billig sein. Ebenso sollte die Siedlung Handwerkern und Gewerbetreibenden eine Existenzgrundlage bieten.

Den allgemeinen Ausführungen folgte die bis ins kleinste Detail ausgeführte Beschreibung der Siedlung. Die Straßen sollten reine Wohnstraßen sein und die Verkehrsstraßen an der Siedlung vorbeigeführt werden. Gas, elektrisches Licht und Wasserversorgung waren wünschenswert, eine Kanalisation dagegen nicht. Denn die Fäkalien waren in einer Gartensiedlung von größter Wichtigkeit. Der Torfstreuabort, hygienischer und billiger als die üblichen Abortanlagen, lieferte einen hochwertigen Dünger. Der Garten sollte den Bedarf einer fünfköpfigen Familie mit Gemüse und Obst decken und sich immer ungeteilt und unmittelbar am Haus befinden sowie Platz für Kaninchenställe haben. Eine Familienwohnung sollte neben einem gemeinsamen Wohnraum und den Wirtschaftsräumen drei Schlafzimmer für die Eltern, die Mädchen und Buben besitzen sowie eine Koch- und eine Waschküche, Bad oder Badegelegenheit, Abort, Keller und Speicherraum. Hygienische Erwägungen spielten eine zentrale Rolle bei der Gestaltung eines Hauses. Strikt wurden Wasch- und Kochküche voneinander getrennt. Ein Badezimmer mit fließendem warmem Wasser neben dem Schlafzimmer, das zum täglichen Bad einlädt, galt als Luxus. Denn: „Wer baden will, kann baden und wird es tun. Und neben der modernsten Badeeinrichtung kann einer ein Schmutzfink bleiben innerlich und äußerlich."[82] Für die Badegelegenheit schlug der Verfasser eine pragmatische Lösung vor, wie überhaupt die Planung und Gestaltung des Siedlungshauses von einem konsequenten Pragmatismus geprägt war. In der Waschküche sollte der Waschkessel als Badeofen mit Badewanne, die zugleich zum Einweichen und Spülen der Wäsche diente, eingerichtet werden.

Selbst mit den Möbeln beschäftigte sich der Verfasser ausführlich. Erneut distanzierte er sich von der Großstadt und übte scharfe Kritik an der Geschmacklosigkeit der Zeit. „Nicht das einfach gediegene und dadurch immer würdige Möbel ist heute das vom Käufer verlangte und vom Markt angebotene, sondern das aufgeblasene, hohle scheinbar vornehme." Die Massenartikel fertigende Möbelindustrie sei weit davon entfernt, technisch und künstlerisch gute Möbel auf den Markt zu bringen, sodass der Mann mit bescheidenen Mitteln kein gediegenes und einfaches Möbel für billiges Geld bekomme. Teures Möbel gelte als „Kunstgewerbe", ob es etwas mit Kunst zu tun habe oder nicht. Mit der Kunst treibe man daher Schindluder, nenne etwas „Kunst" und mache es teurer. Für das Siedlungshaus müssten andere Maßstäbe gesetzt, die Maße der Möbel den räumlichen Verhältnissen angepasst werden. Vor allem sollten die Möbel eine andere ästhetische Qualität besitzen, ohne teuer sein zu müssen. „Der billige Schrank z. B. wird ein einfacheres Beschläg haben als der teure. Nur anständig und wahrhaftig soll alles sein. Nicht mehr hermachen als man ist. Auch bei Menschen wirkt das übel und unanständig."[83] Auch bei der Auswahl von Bildern ließ sich der Verfasser von ästhetischen Kriterien leiten. Schwere Nachbildungen oder Fotografien von farbigen Bildern, die immer ein mangelhafter Ersatz seien und den Geschmack für das Original verdürben, sollte man auf keinen Fall an die Wand hängen. Es gebe heute Nachbildungen von Handzeichnungen und Holzschnitten, „die wie das Kunstwerk selbst wirken und billig sind. Nehmt die wirklich gute Nachbildung, die euch viel von dem Originalwert des Kunstwerks übermittelt. Gott sei Dank ist der schlechte Öldruck in überladenem Goldrahmen schon beinahe ausgestorben." Damit klärte sich auch die Rahmenfrage. Eine einfache Leiste hebe das Bild mehr als der früher unerlässliche Gold"rahmen. „Gute Bilder im Hause sind gute Geister und zeigen am Besten den Geist des Bewohners."[84]

Im letzten, mit „Der Geist der Volkswohnung" überschriebenem Abschnitt wurde die Kritik des Verfassers an der modernen Industriegesellschaft mit ihren Verwerfungen wie Werteverlust, Individualisierung und gleichzeitiger Anonymisierung noch deutlicher und schärfer. Geschickt bei der schwäbischen Sparsamkeit ansetzend, plädierte er für beste alte Handwerksgesinnung, die solid und darum billig baue und durch die man mehr sparen könne als durch neue Systeme. „Noch mehr können wir sparen durch bewusstes Abgehen von jeder billigen, oberflächlichen Eigenbrödelei. Die so genannte ‚individuelle Note' hat Milliarden deutschen Volksvermögens in den Bauten der letz-

Kommode mit Wandkästchen und Schrank für Geschirr und Bücher

ten Jahrzehnte verschluckt, ohne uns an wirklichen Werten reicher gemacht zu haben. Das Handwerk ist nebenher zum Teufel gegangen. Im Verzicht auf alle unnötigen, oberflächlichen Dinge und im bewussten Weg zum einfach Primitiven liegt der rechte Weg zur Bauverbilligung."[85] Durch den Bau vieler Wohnungen in genossenschaftlichen Siedlungen werde ebenso gespart wie durch die Reduzierung auf einfache Formen. Demjenigen, der meine, Einheitsformen, „Schablonisierungen", ließen Langeweile entstehen, empfahl der Verfasser den Blick auf die Bauten früherer Zeiten. „Wo auch seine Heimat sei, überall wird er mehr oder weniger stark die Feststellung machen können, dass es gerade die Verwendung gleicher oder stark verwandter Formen ist, die den ganzen harmonischen Reiz unserer alten Dörfer und Landstädte ausmacht."[86] Dort sei die solidarische Gesinnung aus Stilempfindung der Grund für die gleiche Form gewesen. Eine Siedlung von heute sollte schon durch ihr äußeres Erscheinungsbild die Idee der Genossenschaft, die solidarische Gesinnung zeigen. Daher sollte kein Haus das andere übertreffen, jedes Zelle im Organismus sein und zur großen Form beitragen. Lediglich Bauten besonderer Bestimmung wie Schulen, Kaufläden, Verwaltungsgebäude oder Gaststätten sollten sich in ihrem Aufbau von den Wohnhäusern unterscheiden wie auch ein Volkshaus, das einer jeden größeren Siedlung Kopf und Herz sein sollte. Schlussendlich zeichnete der Verfasser ein romantisches, rückwärts gewandtes Bild der Siedlung als Kontrapunkt zur Industrie- und Massengesellschaft: „Wir wollen in Allem einfacher werden, aber, nochmals sei es betont, nicht schlechter. Wir wollen den Städter gründlich verleugnen und das Bauerntum hervorholen, das in jedem Deutschen mehr oder weniger tief noch steckt. Wir wollen aber deshalb beileibe keine Bauernhäuser bauen, sondern Häuser, wie wir sie eben brauchen. Nur mehr Achtung haben vor wirklicher Gediegenheit und Verachtung für scheinbare Vornehmheit. So wird es gehen! Und fröhlich sollen äußerlich unsere Häuser sein, dazu gehört kein Geld, nur etwas Farbe und die Ranken und Zweige der Obstspaliere, die der Himmel wachsen lässt, wenn wir sie mit Liebe pflegen. Und wenn die Fröhlichkeit auch in die Häuser hineindringt, dann dringen Mut und Schaffensfreude wieder heraus. So wird sich Deutschland wieder aufbauen. Wille und Gesinnung aller gehört freilich dazu.“[87]

Die Bedeutung des Gartens für das Siedlungshaus wurde durch Ratschläge zu seiner Gestaltung unterstrichen. Das Nützliche sollte mit dem Schönen verbunden werden, der Garten der Küche dienen und dem Auge gefällig, aber keineswegs ein Park oder Landschaft mit Grotten, tönernen Rehen und Zwergen oder Schlängelwegen sein. In der Klarheit und Einfachheit liege der beste Weg zur Schönheit. „Wenige, übersichtliche Wege und klar begrenzte Flächen, wie sie zur Bearbeitung am Geeignetsten sind, ergeben ein ruhiges und darum wohltuendes Bild; am Wegende wird ein Baum, eine Laube oder eine Bank dem Auge als Ziel erfreulich sein.“[88]

Am 20. April 1923 verhandelte der Gemeinderat noch vor der Gründung des Siedlungsvereins erstmals über das Siedlungsprojekt. Bereits in dieser Debatte zeigte sich, dass das ehrgeizige Wohnungsbauprogramm nicht auf ungeteilte Zustimmung stieß. In einem Brief an die Stadt befürchtete Architekt Gaupp, dass Biberacher Architekten bei einem Anschluss des Siedlungsvereins an den Schwäbischen Siedlungsverein, der Dachorganisation der württembergischen Siedlungsvereine, bei der Planung und Durchführung übergangen werden könnten. (Ähnliche Bedenken wurden im Übrigen von Handwerkern auch auf der Gründungsversammlung vorgebracht.) Hier zeichnete sich eine Konfliktlinie ab, die zwei Jahre später zu einem heftigen Streit führen sollte. Guido Schmitz, dem Bestrebungen gegen die Gründung eines Siedlungsvereins bekannt waren, setzte sich mit seinem Anliegen durch, da er überzeugend darlegen konnte, dass der Anschluss an die Dachorganisation nur Vorteile, zum Beispiel fertig ausgearbeitete Pläne, brächte. Gegen die Beauftragung örtlicher Architekten hatte er nichts einzuwenden, obwohl dies nicht dem Siedlungsgedanken entspräche.[89]

Die Gemeinderatssitzung am 8. Mai 1923 leitete die Umsetzung des Siedlungsprogramms ein. Zwei Schwierigkeiten prägten den Beginn. Während die anfänglichen

Schwierigkeiten bei der Materialbeschaffung wohl beseitigt werden konnten – Guido Schmitz gelang es in vorteilhafter Weise, Baumaterialien einzukaufen, wozu er selbst sowie einige Unternehmer und Großhändler Geld vorgestreckt hatten[90] –, blieb die Geldbeschaffung für die ersten beiden Jahre ein brennendes Dauerthema und für Guido Schmitz die wichtigste, Zeit und Kräfte zehrende Aufgabe. Die Stadt trug mit unverzinslichen Krediten und Bürgschaften bei, jedoch angesichts ihrer knappen Geldressourcen nicht ausreichend, weswegen Kreditgesuche auch abgelehnt wurden. Schmitz gelang es, Kredite bei anderen Instituten zu erhalten.[91] Zwei Darlehen sicherten die Bautätigkeit zumindest für das laufende Jahr. Im Juli 1923 gelang es Hammer und Schmitz, die OEW zu überzeugen, einen ihr von der Württembergischen Girozentrale unter günstigen Bedingungen eingeräumten Kredit auf den Siedlungsverein zu übertragen, und im Oktober dieses Jahres erhielt der Siedlungsverein von der Süddeutschen Festwertbank ein Darlehen von 19 500 Goldmark.[92] Erst nach der Hyperinflation konnten im Verlauf des Jahres 1924 die finanziellen Engpässe weitgehend überwunden werden, wozu vor allem ein Kredit der Württembergischen Wohnungskreditanstalt beitrug.[93] Auch gegen die städtischen Kredite wurden kritische Stimmen laut. So hielten die Gemeinderäte Kolesch, Montag und Stark eine mögliche Verschuldung der Stadt für bedenklich; letzterer rügte auch die höheren als im Voranschlag berechneten Kosten für die Erschließung.[94]

Der Gemeinderat unterstützte den Siedlungsvereins weitgehend. Die Stadt stellte unentgeltlich das Baugelände bereit und erschloss es mit dem Bau von Wasserleitungen und Straßen; außerdem gestattete sie dem Siedlungsverein, Kies und Sand an einer vom Stadtbauamt festgelegten Stelle zu entnehmen. Für seinen Vorschlag, das Gelände am Galgenberg zur Bebauung freizugeben, fand Stadtschultheiß Hammer trotz eines Nachteils die Mehrheit der Stadträte, denn „es sei eine Idylle, und Idylle und Heimstätte verbinden sich gut. Es biete Ausdehnungsmöglichkeiten, liege allerdings etwas weit weg. Allein damit müsse man sich abfinden. Nach Lage der Verhältnisse in Biberach sei man darauf angewiesen, an die Peripherie zu gehen."[95]

Am 4. Juni 1923 begannen die Bauarbeiten am Galgenberg.[96] Statt der ursprünglich geplanten sechs Wohneinheiten beabsichtigte der Siedlungsverein den Bau von acht Einheiten, da das dazu benötigte Baumaterial bereits gekauft war.[97] Bis zum Ende des Jahres konsolidierte sich der Siedlungsverein. Acht Wohnungen waren wie geplant erstellt sowie der Bebauungsplan für 1924 ausgearbeitet worden. Bereits im Oktober hatte Guido Schmitz die finanziellen Verhältnisse als die „denkbar günstigsten" bezeichnet. So standen den Verbindlichkeiten von 20 000 Arbeitsstunden Aktiva (sämtliche Häuser, Materialien und Gerätschaften) beachtliche 150 000 Arbeitsstunden gegenüber.[98]

Das Jahr 1925, in dem sich die politischen und wirtschaftlichen Verhältnisse in Deutschland zu stabilisieren begannen, legte den Grundstein zur erfolgreichen Entwicklung des Siedlungsvereins. Nachdem Paul Bonatz, der Erbauer des Stuttgarter Hauptbahnhofs und der Universitätsbibliothek in Tübingen, aus Gründen der Arbeitsüberlastung eine Mitarbeit am Biberacher Siedlungsprojekt abgelehnt hatte,[99] gewann Guido Schmitz im Frühjahr dieses Jahres den ebenfalls in Stuttgart tätigen Architekturprofessor Adolf Schmitthenner, der in entgegenkommender Weise die Überwachung des Projektes übernahm und einen Gesamtbebauungsplan ausarbeitete. Die Stuttgarter Architekten Julius Hofacker und Klaus Hoffmann, denen auch die örtliche Bauleitung übertragen wurde, entwarfen einen neuen Doppelhaustyp, ein hälftiges Walmdachhaus, das eine Giebelfront an der Gartenseite besaß. Zur Straßenseite hin schloss eine Mauer das Grundstück vollkommen ab. Eine Haushälfte wurde wie folgt gegliedert: In dem zum Hang hinein gebauten Keller befanden sich Keller, Waschküche und ein Wirtschaftsraum; im Erdgeschoss wurden Küche und zwei Zimmer untergebracht sowie das Dachgeschoss mit weiteren zwei Zimmern ausgebaut. An die Straßenmauern wurden der Abort und ein Stall angebaut. Zur Stärkung des Siedlungsgedankens wurde ein Musterhaus mit allem Zubehör einschließlich der Möblierung, das allein von rund 2000 Biberachern und zahlreichen auswärtigen Interessenten besichtigt wurde, errichtet und im September des Jahres die schon ausführlich zitierte Broschüre herausgegeben. Obwohl erst am 9. Juni 1925 mit dem Bau begonnen wurde, konnten bis Jahresende 1925 32 Häuser, davon sechs vom alten Typ, fertig gestellt werden. Die Kosten von 23 RM für einen Kubikmeter bebauten Raums lagen deutlich niedriger als in Ulm (26,5 RM), Weingarten (28,0 RM) und Esslingen (34 RM). Für 1926 plante man den Bau von 15 Doppelhäusern mit 30 Wohnungen.[100]

In betriebswirtschaftlicher Hinsicht strukturierte Guido Schmitz den Baubetrieb Kosten sparend. Nur wenige Bauarbeiten wurden an Unternehmer vergeben. Grab-, Betonier-, Maurer-, Dachdecker-, Installationsarbeiten und andere mehr wurden in eigener Regie ausgeführt. Zwei Werkstattgebäude wurden errich-

Gartenansicht.

Straßenansicht.

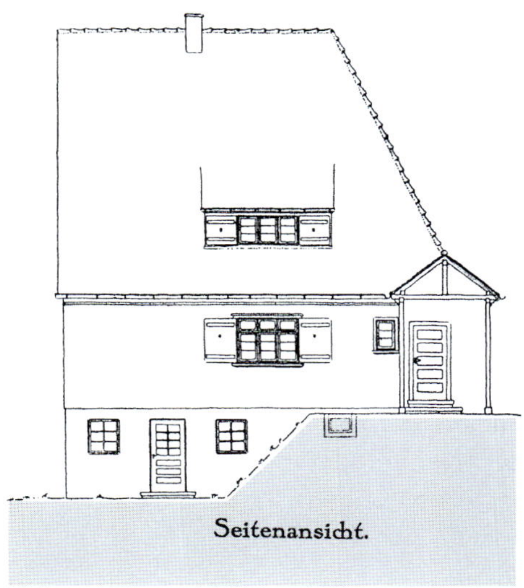

Seitenansicht.

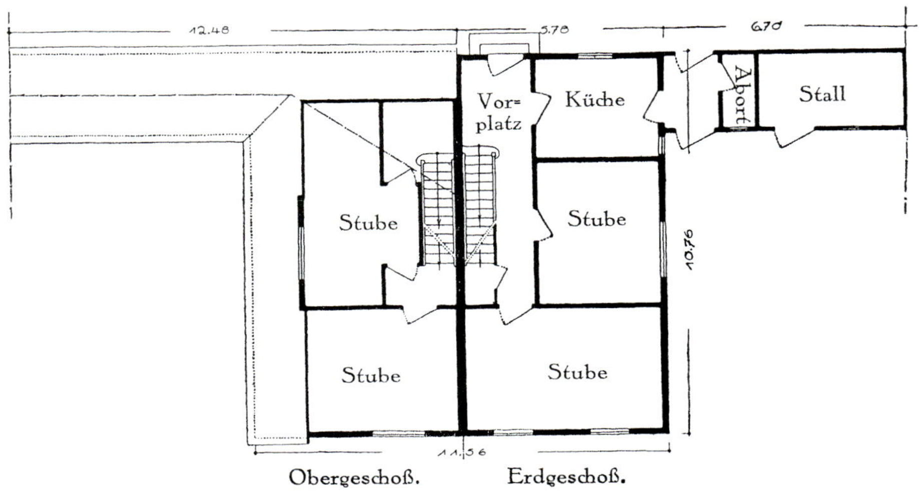

tet, damit der Baubetrieb während des Winters nicht eingestellt werden musste. Bei schlechtem Wetter wurden dort Kunststeine hergestellt oder Reparaturen vorgenommen. Auch in der technischen und maschinellen Ausstattung setzte Schmitz auf Kosteneinsparung. Eine Rollbahn mit ausgedehnter Gleisanlage, Zugmaschine und ausreichendem Wagenmaterial beförderte die Baumaterialien. In der in der Nähe des Bauplatzes liegenden Kiesgrube, die ebenfalls in Eigenregie betrieben wurde, sortierte ein mechanisches Rüttelsieb den Kies, der durch einen elektrischen Aufzug aus der Grube gefördert wurde. Auf dem Bauplatz mischten zwei Maschinen den Beton, und in einem Werkstattgebäude diente eine Steinmaschine zur Herstellung von Kunststeinen. Im September 1925 beschäftigte der Siedlungsverein in eigener Regie und durch Biberacher Handwerksmeister ungefähr 125 Mann.[101]

Trotz der erfolgreichen Entwicklung regte sich Kritik an der Geschäftsführung Guido Schmitz'. Nachdem der Siedlungsverein den Bau zweier schlüsselfertiger Häuser an auswärtige Unternehmer vergeben hatte, rügte Mitte März 1925 Gemeinderat Neff im Interesse und im Auftrag Biberacher Handwerksmeister diese Praxis. Auch Stadtschultheiß Hammer zeigte sich befremdet, denn er habe erwartet, dass Aufträge an Biberacher Handwerksmeister vergeben würden, nachdem die Stadt so viel für den Siedlungsverein getan hätte; zumal die Stadt das Ziel verfolge, dem Handwerk und der Arbeiterschaft Beschäftigung zu geben. Schließlich gefielen dem Stadtrat Stark die Arbeiten beim Siedlungsverein überhaupt nicht, die Kiesgrube sei schlecht angelegt und es würde Geld verschleudert. Ob diese Vorwürfe berechtigt oder nur vorgeschoben waren, mag dahingestellt sein. Guido Schmitz wies die Vorwürfe zurück. Es sei

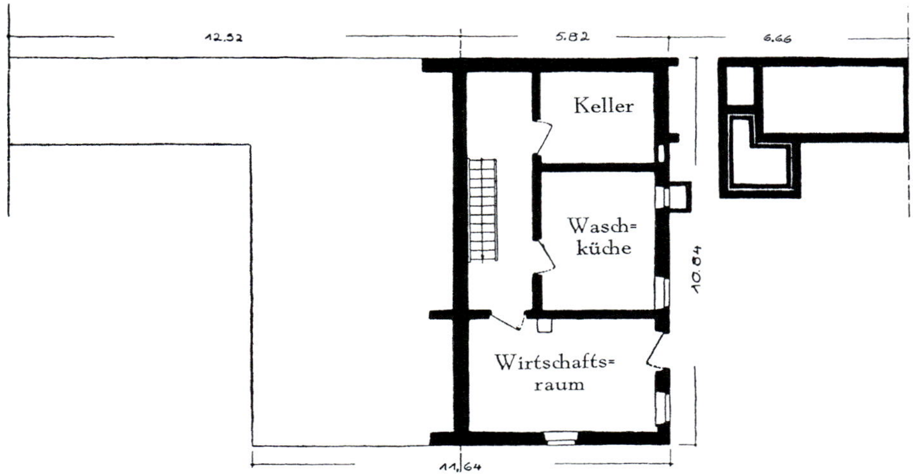

Kellergeschoß.

selbstverständlich, Biberacher Unternehmer zu beauftragen. Dies sei aber bei den hohen Preisdifferenzen ein Unding und würde die „Preisgabe lebenswichtiger Interessen" des Siedlungsvereins bedeuten. Denn man sei bestrebt, die Häuser an leistungsschwache Siedler zu verkaufen, daher müssten die Kosten so niedrig wie möglich gehalten werden.[102] Im Oktober 1925 sah sich Guido Schmitz erneuter Kritik konfrontiert, die offensichtlich auch auf seine persönliche Integrität zielte. Denn das Gemeinderatsprotokoll würdigte expressis verbis seine Uneigennützigkeit und hob ihn als einen der größten Steuerzahler der Stadt hervor.[103]

Der Konflikt brach ein Jahr später offen aus. Offensichtlich durch persönliche Anwürfe zermürbt, legte Guido Schmitz am 1. Oktober 1926 sein Amt als Geschäftsführer des Siedlungsvereins nieder. Wie sehr er sich verletzt fühlte, wie er sich auch gegenüber Stadtschultheiß Hammer äußerte, zeigt seine von Emotionen nicht freie Begründung, auch wenn er betonte, sein Entschluss sei nicht von dem Gefühl, keine Anerkennung erhalten zu haben, sondern nüchtern bestimmt: „Wo so viel Unkraut gesät wird, die Frucht unmöglich gedeihen kann." Nicht sachliche Kritik sei geübt noch konstruktive Vorschläge gemacht, sondern Kampfesmittel angewandt worden, die das Maß des Erlaubten bei weitem überschritten hätten. Beispielsweise hätte ein Biberacher Handwerker, der vom Siedlungsverein Aufträge erhalten hatte, im Gasthaus vor versammeltem Publikum die Zahlungsunfähigkeit des Siedlungsvereins behauptet. „Man sprach und schrieb in der Zeitung von einer verfahrenen Siedlungsgeschichte, von Frondienst, den die Siedler zu leisten haben, von hundemäßigem Leben, ungeheuerlichen Zahlungen und ähnlichem mehr." Besonders empörte sich Schmitz über das Verhalten einiger OEW-Beamter. „Von ihnen sind uns alle erdenklichen Schwierigkeiten und Unannehmlichkeiten bereitet worden. Es beschränkt sich nicht jeder einzelne Herr darauf, seine Sache zu vertreten, sondern sie erklärten sich unter sich solidarisch ... Ja, sie gingen noch weiter und versuchten auch Nicht-OEW-Siedler in ungünstigem Sinne zu beeinflussen. Ihre Absicht ging offensichtlich dahin, durch ihr Zusammenstehen günstigere Bedingungen oder billigere Preise zu erlangen." Weiter beklagte er sich, wie überhaupt die Verhandlungen verlaufen würden und wenig nette Formen sie angenommen hätten, und auch darüber, dass er auf weiter Flur allein gestanden sei, wenngleich er in Stadtschultheiß Hammer und im Gemeinderat, wenn auch erst nach mitunter lebhaften Diskussionen, Unterstützer gefunden hätte, aber es hätte neutraler Personen bedurft, die bereit gewesen wären, für den Siedlungsverein einzutreten. Er glaubte nicht, dass sein Rücktritt die Weiterentwicklung des Siedlungsvereins behindern würde. „Ich bin auch heute noch Optimist genug, um zu glauben, dass die in sich zweifellos gesunde Siedlungsidee fortleben wird."[104]

Natürlich blieb der Rücktritt nicht ohne Antwort. Gut drei Wochen später nannte ein anonym bleibender Bürger die Vorwürfe gegen Schmitz beim Namen. Auch wenn heute ihre Berechtigung nicht mehr überprüft werden kann, so scheinen sie dennoch einen Kern Wahrheit zu besitzen und von nicht wenigen Biberachern erhoben worden zu sein. Allein der Standort der Siedlung schien fragwürdig. „Der Grundgedanke, eine Arbeitersiedlung ganz entgegengesetzt von der Industrie, der Bahn und Post zu bauen, hat in einer kleinen Stadt, die keine Straßenbahn besitzt, nie eine Zukunft." Große Zweifel wurden an der unternehmerischen Fähigkeit des Geschäftsführers Guido Schmitz gehegt. „Die unrentable Bauweise setzte ein mit dem Tage der Regie. Welcher private Unternehmer wäre in der Lage, bei Erbauung von ca. 10 – 20 Doppelhäuser, bei denen man gezwungen ist, überall zu sparen, zwei Werkstätten in dem Ausmaß, wie die tatsächlich erstellten, Gleisanlagen und Maschinen in Betrieb zu setzen oder herumstehen zu lassen, wie die Sortiermaschine in der Kiesgrube, Werkzeuge und Vorräte anzuschaffen, die jedes verständige Maß übersteigen, Bauführer, Werkmeister, Bureauangestellte, Aufseher usw. zu beschäftigen? Ein solcher Bauunternehmer wäre im ersten halben Jahr bankrott, selbst wenn er über Hunderttausende verfügen würde. Die Siedlung leistete sich dies alles." Wenn das Geld knapp wurde, sei die Stadt immer wieder als Wechselbürge eingesprungen. Dass durch die Eigenregie Kosten eingespart worden seien, widerlegte der Anonymus mit einem konkreten Beispiel. Ein Privatunternehmer habe ein Doppelhaus um 3500 RM billiger erstellt. Indirekt warf der Schreiber Guido Schmitz vor, die Stadt hintergangen zu haben. Diese hätte die Baukredite bewilligt und Bürgschaften übernommen, um Biberacher Handwerksmeistern und Arbeitern Beschäftigung zu verschaffen. „Doch fehlgeschossen ... Tausende von Mark wanderten nach auswärts für Lieferungen und Leistungen, die hier ebenso gut gemacht werden konnten; nur wenige Bevorzugte konnten in der Siedlung Arbeit bekommen, aber auch nur dann, wenn sie der Geschäftsführung und der Bauleitung angenehm waren." Über die Klagen der Siedler hatte Guido Schmitz seiner Ansicht nach keinen Grund, sich zu beschweren. Während gegen die Doppelwohnhäuser nichts zu sagen wäre, machten die Einzelhäuser „den Eindruck eines Gefangenenlagers oder einer Zwangsanstalt". Zudem seien sie für größere Familien zu klein, ungeräumig und überdies schlecht und schlampig gebaut. Alternativen hätten bestanden. „Mit den Hunderttausenden, die die Stadtgemeinde in dieses Unternehmen gesteckt hat, hätte unser Stadtbauamt wohl ganz andere Wohnungen mit bleibendem Wert hergestellt. Baugrund an fertigen Straßen und Plätzen ist genug vorhanden, z. B. Ausbauung des Öschle, der Raustraße, Waldseer Straße, beim kath. Friedhof usw. Hätte die Stadt selber gebaut, so hätten auch hiesige Handwerker und deren Arbeiter Beschäftigung und Brot gehabt."[105]

Der Konflikt leitete das Ende des Siedlungsvereins ein, trotz der Zuversicht, die Guido Schmitz am Tag seines Rücktritts bekundet hatte. Obwohl der Bau von zehn Häusern beschlossene Sache war und auch die finanziellen Mittel zur Verfügung standen, wurden am 2. Oktober 1926 die noch 15 beschäftigten Arbeiter entlassen und das lagernde Baumaterial verkauft.[106] Nach den heftigen Vorwürfen, auf die Guido Schmitz ausführlich, alle Anschuldigungen zurückweisend, antwortete und deren Verfasser, wie er herausbekam, der Gemeinderat Raufeisen war,[107] befand sich die Stadt in der Defensive; es galt die persönliche Integrität von Guido Schmitz und letztlich auch die eigene Reputation zu sichern. Am 5. November 1926 wies der Gemeinderat die gegen Guido Schmitz erhobenen Vorwürfe zurück mit dem Bedauern, dass „Herr Schmitz in dieser beleidigenden Weise in der Öffentlichkeit herabgewürdigt wurde, zumal dieser aus rein idealen Motiven heraus sich in der schwierigsten Zeit um die Behebung der so drückenden Wohnungsnot in uneigennütziger Weise angenommen hat, keine Mühe und Arbeit scheute und zudem noch erhebliche finanzielle Opfer brachte."[108] Vermutlich trat Guido Schmitz vom Rücktritt zurück;

Die Galgenbergsiedlung um 1927

denn einige Verträge konnten nicht abgeschlossen werden, weil er nicht in Biberach anwesend war.[109] Zwar wurden noch im Februar 1927 Aufträge an Biberacher Handwerksmeister vergeben, doch der Verkauf der Feldbahn nur kurze Zeit später deutete auf das nahende Ende des Siedlungsvereins hin. Am 19. Oktober

1928 stimmte der Gemeinderat der zum 30. September vollzogenen Auflösung des Siedlungsvereins zu, und die Stadt übernahm die Aktiva und Passiva.[110]

Das Ende des Siedlungsvereins brachte Guido Schmitz noch finanzielle Nachteile ein. Obwohl er des Öfteren dem Siedlungsverein aus monetären Engpässen verhalf – so übernahm er im Oktober 1923 eine Unterbürgschaft von 10 000 Goldmark auf sich oder glich das Jahresdefizit 1924 von 1400 Mark aus –, musste er im Juni 1931 nach der Abwicklung des Siedlungsvereins eine Schuldanerkenntnis von exakt 20 408,49 RM unterschreiben, just in dem Moment, als sein eigenes Unternehmen sich in der Krise befand.[111]

Das ehrgeizige Siedlungsprojekt scheiterte an den nicht berücksichtigten Interessen Biberacher Handwerker, die wohl zahlreiche Mitbürger für sich gewannen, und an Guido Schmitz selbst, der betriebswirtschaftliche und unternehmerische Sorgfalt offensichtlich vernachlässigte und sich von seiner Begeisterung für das Siedlungswesen zu einem die Biberacher Verhältnisse missachtenden Handeln treiben ließ. Stadtschultheiß Hammer, der sich wie Schmitz für das Siedlungsprojekt eingesetzt hatte, geriet ebenfalls immer wieder in das Fadenkreuz der Kritik aus der Handwerkerschaft und wurde im Wahlkampf 1928 deswegen von der Reichswirtschaftspartei heftig angegriffen.[112] Dennoch, die Bilanz des Siedlungsvereins konnte sich sehen lassen. 48 Häuser wurden am Galgenberg errichtet, womit er einen wesentlichen Beitrag zur Linderung der Wohnungsnot leistete.[113] Dies ist auch das persönliche Verdienst von Guido Schmitz.

Unter dem Hakenkreuz

In den ersten Wochen der nationalsozialistischen Diktatur blieb die Seidenweberei unberührt. Erst der 1. Mai 1933 konfrontierte Guido Schmitz und sein Unternehmen mit den braunen Machthabern. Der proletarische 1. Mai wurde in nationalsozialistischem Sinne umfunktioniert. Prägten Friedensparolen, die Verteidigung der Demokratie, der Kampf um soziale Gerechtigkeit, der proletarische Internationalismus und das Wissen um eine Klassengesellschaft die Maifeiern der Arbeiterbewegung, so instrumentalisierten die neuen Machthaber den Arbeiterfeiertag für Aufrüstung, Rassenwahn und die verlogene Ideologie einer angeblichen „Volksgemeinschaft", in der alle Klassenunterschiede aufgehoben sein sollten. Der 1. Mai sollte den Erfolg des nationalsozialistischen Regimes symbolisieren, der gerade auch durch die vorgebliche Überwindung der Klassengegensätze möglich gewesen sei. An jenem Tag marschierten in Biberach die NS-Formationen aus Partei und ihren Gliederungen, die Belegschaften aller Betriebe und auch die Freien Gewerkschaften, die noch glaubten, damit ihr Verbot zu verhindern, durch die Straßen der Stadt zum Marktplatz, um das „erste große Gemeinschaftserlebnis im Dritten Reich" zu begehen.[114]

Am folgenden Tag wurden reichsweit die Gewerkschaften zerschlagen, ihre Häuser von der SA besetzt, ihr Vermögen eingezogen und viele ihrer Funktionäre verhaftet. Nachdem die Interessenvertretungen der Arbeiter zerschlagen waren und auch die christlichen Gewerkschaften sich freiwillig aufgelöst hatten, war bis zum Oktober 1934 der Aufbau der „Deutschen Arbeitsfront" (DAF), der „Organisation der schaffenden Deutschen der Stirn und der Faust", abgeschlossen und das „Führerprinzip" in den Betrieben eingeführt: An der Spitze des Unternehmens stand der „Betriebsführer", dem die „Gefolgschaft" unterstand. Nach nationalsozialistischer Ideologie war ein Betrieb „eine organische Einheit, eine Zelle unserer Volksgemeinschaft, wie die Familie. Wir sprechen daher von einer Betriebsgemeinschaft."[115] Die DAF war eine Zwangsgemeinschaft, die Guido Schmitz unfreiwillig zu einem Mitglied einer NS-Organisation machte.

Auf den ersten Blick scheint die NS-Ideologie der „Betriebsgemeinschaft" mit dem sozialpartnerschaftlichen Selbstverständnis von Guido Schmitz überein zu stimmen. Guido Schmitz war zweifelsohne ein liberal-konservativer Antinazist, der politischem und gesellschaftlichem Anpassungsdruck ausgesetzt und ihm auch nachzugeben gezwungen war, um Betrieb und Familie vor Unannehmlichkeiten zu bewahren. Im Dezember 1933 spendete er, wohl einmalig, 500 RM für das Winterhilfswerk.[116] Gewiss folgte

Schmitz den Anordnungen, die ihn verpflichteten, bestimmte DAF-Funktionsträger, wie Betriebsblockmänner, einen Betriebsjugendwalter, eine Betriebsfrauenwalterin, einen Betriebsreferent Reisen, Wandern und Urlaub, einen Betriebsreferent „Schönheit der Arbeit" u. a. m., zu ernennen. Auch die üblichen Betriebsappelle fanden statt. Der Betriebsausflug am 8. Juni 1938 führte die Belegschaft der Seidenweberei nach Vorarlberg. Den Fotos, die jeder Betriebsangehörige in einem schön und aufwändig gemachten Album erhielt, war, sicherlich die euphorische Stimmung nach dem „Anschluss" Österreichs, dem bis dahin größten außenpolitischen Triumph Hitlers, im März gleichen Jahres ausdrückend, die Parole „Unser Ziel: Österreich, das neue Reichsland!" vorangestellt, obwohl Schmitz selbst, wie sich seine Tochter erinnert, über den „Anschluss" nicht jubelte.[117] Wohl besaß die Werksbibliothek ‚ideologiefreie' Bücher, aber auch hier konnte sich Schmitz nicht von nationalsozialistischen Vorgaben freihalten. Im Dezember 1940 stand die Beschaffung von Werken heute weithin vergessener schwäbischer Schriftsteller und Dichter im Mittelpunkt, welche die schwäbische Heimat und ihre Menschen beschrieben. Zumindest ein Werk, „Bis zur Heimkehr im Sommer" von dem Laichinger, 1937 mit dem Schwäbischen Dichterpreis ausgezeichneten Veit Bürkle, propagierte die „Blut-und-Boden"-Ideologie der Nationalsozialisten, wie sich aus dem kurzen Vorstellungstext schließen lässt: „Es behandelt die Geschichte der schwäbischen Bauerngenerationen von der Vorkriegszeit an bis in unsere Zeit hinein. Starke Menschen und schweres Schicksal sind vom Dichter eigenwillig gestaltet." In Zukunft sollten auch „ostmärkische" Werke in die Bibliothek aufgenommen werden.[118]

Letztlich nimmt es angesichts der kulturellen und sozialen Aktivitäten von Guido Schmitz kein Wunder, dass die Seidenweberei mit weiteren 28 Betrieben am 1. Mai 1943 als „Vorzeigebetrieb" ausgezeichnet wurde. Deren Leistungen würdigte Reichsstatthalter Murr auf der zentralen Veranstaltung in Stuttgart, sie seien erneut ein starker Beweis für den unzerbrechlichen Leistungs- und Lebenswillen des deutschen Volkes und für das zielbewusste Streben nach sozialer Gerechtigkeit.[119] Die ‚Auszeichnung' löste im Hause Schmitz allerdings schallendes Gelächter aus.[120]

Die Grenze zwischen NS-Ideologie und sozialkonservativem Kulturverständnis Schmitz' mag fließend erscheinen, doch gerade Schmitz' humanistisches Weltbild unterschied sich deutlich von der die Menschen verachtenden nationalsozialistischen Weltanschauung. Beispielsweise lud er seine Belegschaft an sechs Vormittagen während der Arbeitszeit zu Vorträgen über die Geschichte der abend-

Guido Schmitz und
Dr. Albert Meier

ländischen Kunst ein oder engagierte das berühmte Wendling-Quartett für Betriebskonzerte.[121] Auf diese Weise fand Guido Schmitz einen Weg, sich und seine Belegschaft in einem gewissen Maß der vollkommenen Ideologisierung seines Betriebs zu entziehen. Guido Schmitz unterschrieb seine Briefe grundsätzlich „Mit deutschem Gruß", um das für ihn unerträgliche „Heil Hitler" zu umgehen. Über die nationalsozialistischen Verbrechen wusste man im Hause Schmitz Bescheid. Man hatte beispielsweise Kenntnis über das Schicksal eines behinderten Kindes, das plötzlich verschwunden war. Als Guido Schmitz in einem Soldatenbrief las, wie es den russischen Kriegsgefangenen in den deutschen Lagern erging, wo ihre Bewacher sie zu Hunderttausenden verrecken ließen, erschütterte es ihn. Für alle galt nur eine Parole: Mund halten![122] Guido Schmitz stand zu seinen jüdischen Vertretern, so lange es ihm möglich war. Auch eine anonyme, wenige Tage nach der „Reichskristallnacht" am 9. November 1938 geschriebene Postkarte antisemitischen Inhalts von einem Kunden aus Köln brachte ihn nicht von seiner Solidarität ab. Er begleitete seine jüdischen Vertreter, ließ sie auf der Straße warten, während er die Geschäfte abschloss, und gab ihnen anschließend die Provisionen. Eine Postkarte aus einem KZ, auf der wohl ein ehemaliger Vertreter ihm mitteilte, es ginge ihm gut, traf Guido Schmitz zutiefst.[123]

1934 schied Guido Schmitz aus dem Vorstand der Verseidag auf eigenen Wunsch aus, während sein Bruder Alfred in Krefeld blieb und einen Vorstandsposten übernahm. Guido Schmitz konnte sich mit den Gepflogenheiten eines Konzerns, den Vorstandsgremien, den langen Entscheidungswegen und zahlreichen anderen gesellschaftlichen Verpflichtungen nicht anfreunden. Sein Naturell war auch nicht großstädtisch, ihn, den bodenständigen Menschen, zog es wieder in die kleine Stadt in Oberschwaben, wo sein Verlangen nach bewegter Landschaft und frischer Luft gestillt wurde. Gewiss war es eine geschäftlich bedingte Entscheidung, aber auch eine ganz persönliche.[124]

Am 16. April 1934 gründete Guido Schmitz als persönlich haftender Gesellschafter zusammen mit Dr. Albert Meier (Krefeld), August Schwarting, Prokurist in Krefeld, Max Hattingen, Oberstaatsanwalt in Un-

▲▲ Die Belegschaft in den 1930er Jahren
▲ Vorarlberger Trachtenstickerei

kel am Rhein, und Elsbeth Schmitz seine eigene Firma, die Wm. Schmitz & Co. AG, die den Namen G. Schmitz & Co. erhielt. Das Stammkapital der Aktiengesellschaft betrug 220 000 RM, Gegenstand der Firma war die Erzeugung und der Vertrieb von Seidenerzeugnissen. Meier, Schwarting und Hattingen bildeten den Aufsichtsrat.[125] (Zu einem späteren Zeitpunkt wurde die Aktiengesellschaft in eine Kommanditgesellschaft umgewandelt.) Zug um Zug und mit Mühe wurde der Betrieb wieder zur vollen Produktionskapazität aufgebaut. Denn ein kompletter Fertigungsbetrieb, d. h. eine gut ausgerüstete Weberei, musste sofort voll beschäftigt werden, um die überproportional hohen Fixkosten zu verdienen. Guido Schmitz gelang es, die früheren Kunden, Textildruckereien, zurück zu gewinnen, zum Beispiel Pausa in Mössingen, Taunustextil in Oberursel oder die Württembergische Cattunmanufaktur in Heidenheim. So konnte nach und nach der Einschichtbetrieb zum einem Dreischichtbetrieb ausgebaut werden. Die Reisetätigkeit von Guido Schmitz besaß Originalität. In einem langen schmalen Koffer führte er die „Klapprige Anna“ mit, ein Mannequin, dessen ausgesägter Körper während der Verkaufsgespräche austauschbar mit den Stoffen, Strukturen (Bindungen) und Dessins der Schmitzkollektion unterlegt werden konnte. Mit der Zeit übernahmen fünf bis sechs Vertreter, unter ihnen der befreundete Otto Stockhausen in Frankfurt, diese Arbeit.[126]

Schwarzenberg in Vorarlberg

Der Beginn des Krieges setzte der Seidenweberei eine Zäsur. Textilien waren nun weniger gefragt. Nicht mehr die anspruchsvollen Gewebe wurden hergestellt, sondern der Krieg erzwang die Rückkehr zu phantasielosen und gleichförmigen Textilien. Dies lastete die Webereikapazität bei weitem nicht aus. Um Entlassungen zu vermeiden, sah Schmitz, obwohl Rüstungsaufträgen zurückhaltend gegenüberstehend, sich gezwungen, in die Rüstungsproduktion einzusteigen. So belieferte er die Flugzeugfabrik Messerschmitt mit Einzelteilen für Jagdflugzeuge und auf US-amerikanischen Maschinen wurden für die Zahnradfabrik Friedrichshafen Schiffsgetriebe hergestellt. Die „Metallfertigung" war in dem Gebäude des früheren Konsumvereins am Viehmarkt untergebracht. Außerdem wurde ein spezielles Gewebe für den Kartuschbeutel hergestellt, der die Kartusche einer Granate umkleidete.[127] Um 1942 baute Guido Schmitz in Schwarzenberg im Bregenzerwald eine Filiale auf, wo in Heimarbeit aus Jacquardstoffen Trachtenkleider genäht wurden.[128] Gleich zu Kriegsbeginn wurde der freie Samstag eingeführt, damit die hausfrauliche Tätigkeit seiner Arbeiterinnen erleichtert wurde.[129] Guido Schmitz verzichtete darauf, die durch die an die Front berufenen Arbeiter entstandenen Lücken mit „Fremdarbeitern" oder Kriegsgefangenen aufzufüllen, da sonst seiner Überzeugung nach die erfreulich gute Betriebsgemeinschaft restlos zerstört worden wäre. Nur in den letzten Wochen halfen zwei Franzosen und zwei Holländer bei Waldarbeiten.[130]

Guido Schmitz' größte Sorge galt denjenigen seiner Arbeiter, die in die Wehrmacht eingezogen worden waren. Auf vielfältige Weise bemühte er sich, die Betriebsgemeinschaft, die ‚Familie' aller Angehörigen der Seidenweberei, aufrechtzuerhalten, zu festigen und durch die schweren Zeitläufte zu führen. Wie wichtig dieses Zusammengehörigkeitsgefühl auch für die in Biberach Verbliebenen war, zeigt ein kleiner Bericht, den Guido Schmitz in einem Feldpostbrief aus dem Februar 1944 an die Soldaten sandte und der zugleich auch die tiefe Verbundenheit mit den an der Front Stehenden bezeugte: „Leutnant Josef Vogel verdanken wir einige ganz besonders anregende Stunden, die wir während seines Weihnachtsurlaubs mit ihm verlebt haben. Als alter Mitarbeiter bei unserer Inventur sandte er uns in früheren Jahren regelmäßig etwas Bohnenkaffee zum traditionellen ‚Inventurkaffee'. Dieses Jahr hat er uns vergessen. Unsere Entrüstung ging ihm offenbar sehr nahe. Er brachte uns deshalb bei seinem Urlaub etwas Kaffee mit und wurde dafür von unseren Inventurteilnehmerinnen bei einem gemeinsamen angeregten Plauderstündchen mit gerade friedensmäßigem Kuchen bewirtet. Da zu gleicher Zeit auch noch einige andere frühere Mitarbeiter an dem verspäteten ‚Inventurkaffee' bei uns waren, verlebten wir, in alten Erinnerungen schwelgend, wieder einmal recht schöne gemeinsame Stunden in froher Stimmung und bei herzhaftem Lachen."[131] Für die Kinder von Soldaten organisierte Guido Schmitz Kasperletheater und Malstunden.[132]

Regelmäßig fanden „Kameradschaftsabende" in Biberach statt und regelmäßig sandte er Briefe und Feldpakete an die Soldaten, die meisten von ihnen standen, sofern das Kriegsgeschehen es zuließ, in ständigem Briefwechsel mit Guido Schmitz – bis zum Februar 1944 füllten die Soldatenbriefe zwölf dicke Briefhefter. „Wohl gingen von uns", berichtete Schmitz in einem Feldpostbrief aus dem Februar 1944, „im Januar [1944] keine Feldpostsendungen heraus, dafür haben wir im Monat (!) November/Dezember den gemeinsamen Gruß von unserer Kameradschaft versandt, dann unsere Weihnachts- und Neujahrsbriefe in Gestalt des gedruckten Heftchens, ferner sandten wir jedem Soldaten eine Radierung von Biberach und schließlich gingen noch an alle je zwei Feldpostpäckchen und ein solches der Gefolgschaftsmitglieder heraus. Anfang Februar ging ein Päckchen mit Briefpapier an alle Wehrmänner. In einem mehr geschäftlichen Brief vom 20. Januar 1944 gaben wir bekannt, dass wir unsere Wehrmänner-Familienzuschüsse auch für das Jahr 1944 wieder ausbezahlen werden. Wo es die Kampflage zuließ, haben wir auch von Zeit zu Zeit kleine Leseheftchen verschickt. Im Laufe der nächsten Woche werden wir ein Päckchen mit Vitamintabletten verschicken."[133]

Die Soldaten ihrerseits bedankten sich für die Gaben aus der Heimat mit Lebensmittelspenden aus den besetzten Gebieten für die Werksküche. Feldwebel Hans Tillmanns gedachte der Sorgen der Werksküche und sandte aus Russland ein Paket Zucker, der zur Freude aller Apfelkuchen süßte und zum Kaffee gereicht wurde. Erhard Wettley schickte seine überschüssigen Brotmarken, die ebenfalls der Werksküche zugute kamen. „All solche Sendungen", dankte Guido Schmitz in einem Brief an die Soldaten, „freuen uns nicht wegen des Nährwertes und wegen der dadurch möglichen Verbesserungen unseres Speisezettels, sondern weil sie uns immer wieder aufs Neue bestätigen, dass zwischen unseren Soldaten und unserem Betrieb eine herzliche Verbindung besteht, sei sie nun süß, oder ölig, oder koffeinhaltig."[134]

Ein schön gestalteter Feldpostbrief aus dem Mai 1943 sollte die Soldaten an ihre Heimat, an Biberach und die Seidenweberei, erinnern:

„Das Bild, das Ihr habt damals mitgenommen,
es ist nicht mehr, es ist verschwommen."

Dem Brief war ein Foto beigefügt, das, wenn auch schwarz/weiß aufgenommen, dennoch die schöne Frühlingszeit an der Riss vermitteln und über manche Mühsal und Strapaze hinweg helfen sollte. Ein von Näherinnen verfasstes Gedicht schilderte anschaulich in bunten Bildern die Verhältnisse und die Stimmung in der Fabrik:

„Am Anfang stand vom Chef das Wort,
es hieß: ‚Die Mädels müssen vom Weben fort!'
Die Eine oder Andere vernahm es mit Unbehagen,
weil sie sich nun hier oben sollten ans Nähen wagen.
Sie kamen dann doch, wenn auch mit Zittern und Zagen.

Bald war es hier oben ein Bienenhaus,
sie flogen ein, sie flogen aus.
Flink ließen sie, wie die Bienen summen,
jede von ihnen ihre Maschine
mit lautem Getöse brummen.
Kleider, Blusen in großer Zahl und Wahl
Reihten sich an viele Ständer.
Doch heute sind es ‚Traumgewänder'.

Sie nähen jetzt schwungvoll und munter drauf los,
Küstenwacht-Umhänge, Soldatenhemden und – hos.
Auch Windelhosen für die Kleinen,
damit der Nachwuchs nicht muss drunter leiden.
Einkaufstaschen für die Damen,
um die großen Wurstpakete nach Hause zu tragen.
Kinderkleider von Abteilung eins und zwei
Sind natürlich auch dabei."

Weiter berichtete das Gedicht über die Näherei in Schwarzenberg und über den Schrecken, der immer in sie fuhr, wenn eine Kollegin einberufen wurde:

„Manch eine hat es dann doch noch getroffen,
und vorbei war das stille Hoffen"

und über die Männer in der „Metallabteilung":

„Sie wirken, basteln, schweißen und schmieden,
damit unsere Wehrmänner ihre Waffen kriegen."

In der Weberei, „dem Chef sein Kuckucksei" waren große Veränderungen geschehen:

„Da hat sich manches zugetragen, man hat sogar jetzt Automaten.
Sie sollen Arbeitskräfte ersetzen,
doch die Bedienung muss sich mächtig hetzen.
Der Faden ist dünn und der Zettel schlimm,
die Meister müssen sich oft sorgen und grämen,
ihr Haupt bedeckt schon graue Strähnen.
Sie lassen sich's trotzdem nicht verdrießen,
ihren Ärger können sie mit Haberhäusles Bier begießen."

Schließlich wurde über die Betriebsküche gereimt:

„Ganz groß hat sich hier Herr Schmitz gezeigt,

Guido Schmitz beim Hühnerfüttern

uns zu helfen in schwerster Zeit.
Es gibt sehr vieles dort zu speisen,
Ziegenmilch zu billigen Preisen.
Suppen und auch süßen Brei,
Hasenragout ist oft dabei.
Fräulein Jugnet hat es wichtig,
in der Küche auch sehr tüchtig
Oft von vorn nach hinten rennt, dass das Essen nicht anbrennt.
Frau Seeger ist ein Hauptfaktor,
sie nimmt sich den Geißenstall vor.
Zur Zeit ist sie auf hoher Wacht
Denn bald kann ‚Adobar" kommen, auch in der Nacht.
Geißen, Hühner und auch Hasen
Verscheißen jetzt unsern Sportler-Rasen."
Das Gedicht endete mit einem Gruß an die Soldaten:
„Übrig blieben wir neun an der Zahl,
von 90 Mädels, die hier oben waren im großen Saal,
sie schicken nun Euch diesen Bilderbogen,
es ist alles wahr und nichts erlogen.

Der Vorhang fällt, der Film ist aus, die bunten Bilder sind zu Ende.
Hat es gefallen, nehmt mit hinaus den Wunsch von uns,
dass sich die Zeit recht bald zum Guten wende.
Nehmt mit ein wenig frohem Mut,
ein starkes Herz und einen festen Glauben,
an uns, die wir durch das von Euch geopferte Soldatenblut
die Kraft bekamen, auszuhalten, die uns niemand mehr kann rauben."[135]

Die letzten Kriegswochen verbrachte Guido Schmitz in großer Sorge um seine Familie und seinen Betrieb, die sich gewiss vergrößerte, nachdem ein Luftangriff am 12. April 1945, der die Ulmer-Tor-Straße, Bahnhofsstraße, den Obstmarkt und die Bürgerturmstraße traf, über 50 Menschenleben gefordert hatte.[136] Dem Freund Stockhausen in Frankfurt am Main berichtete er Ende Juli 1945 in einem Brief, den er unter dem unmittelbaren Eindruck des Geschehens schrieb und der wegen seiner hohen Authentizität im Folgenden des Öfteren zitiert wird: „Schon lange vor der Besetzung hatte fast jeder Verkehr aufgehört. Das Reisen war durch die häufig auftretenden Tiefflieger so gut wie unmöglich geworden ... Bei Luftalarmen und Luftangriffen bin ich stets im Betrieb gewesen oder ging jedenfalls nur einige hundert Meter davon entfernt in eine Wiese oder in ein Ackerfeld. Seit die Front näher gerückt ist, verlasse ich sie bei Tag und Nacht nicht mehr. Den Schutz der Familie haben die beiden Söhne übernommen. Nur bei dringenden Radtouren ... verließ ich die Fabrik, und zwar in großer Unruhe – durch Werner und Gert mit Schweizerpass vertreten –, denn man wusste nie, was in der Abwesenheit vorfallen, wie man alles wieder antreffen wird." Nur unter größten Schwierigkeiten arbeiteten die Näherinnen und Weberinnen der Seidenweberei weiter. Die ständigen Fliegeralarme zermürbten die Menschen. „An eigentliche Arbeit war nicht mehr zu denken. Nervös und gereizt waren die Menschen, unausgeschlafen durch häufige und lange nächtliche Aufenthalte, das Schicksal der völlig zerstörten Nachbarstädte Ulm und Friedrichshafen vor Augen ... Es waren beklemmende, qualvolle Augenblicke, Tage, Nächte, Wochen und Monate."[137] Guido Schmitz versuchte auf die ihm eigene Weise die beklemmenden Stunden im Luftschutzkeller zu meistern. Der Lyrikliebhaber vergaß eher die Zahnbürste, als dass er auf die Lektüre von Gedichten verzichtet hätte.[138]

Über das Schicksal der vermutlich rund 100 Soldaten der Seidenweberei liegen uns aus dem Juli 1945 folgende Angaben vor: 21 % waren bis zu diesem Zeitpunkt zurückgekehrt, 1 % befand sich in US-amerikanischer Gefangenschaft, 15 % waren gefallen und 61 % galten seit acht Monaten als vermisst, jedoch ohne eine offizielle Vermisstenmeldung; die meisten dieser Soldaten waren an der Ostfront eingesetzt, und daher war ihr Schicksal umso ungewisser.[139]

Die schwierige Nachkriegszeit

Am 23. April 1945 erreichten Einheiten der französischen 1. Armee „Rhin et Danube" Biberach. An der Mittelbiberacher Steige versuchte eine aus zwei Feldwebeln und zehn jungen, kaum ausgebildeten Soldaten bestehende Nachhut der Wehrmacht die Franzosen aufzuhalten. Der verzweifelte, sinnlose Kampf kostete den Deutschen das Leben.[140] „Am 23. April vor Sonnenuntergang", berichtete Schmitz dem Freund Stockhausen, „es war ein wolkenloser Frühlingstag, war Biberach besetzt, ohne eigentlich verteidigt worden zu sein. Ich verfolgte die Panzer von unserem Hochbau aus mit einem Fernglas. Die Stadt hatte wohl eine Anzahl Artillerietreffer erhalten, aber die Schäden waren nicht sehr bedeutend. Ich war, wie gesagt, in der Fabrik und verfolgte die ganze Entwicklung von da aus. Es waren noch mal schwere Tage, bis man endlich wusste, was übrig bleiben würde. Die Biberacher befanden sich in den großen, im Berg eingebauten Eiskellern und Luftschutzstollen, teils aber auch in ihren außerhalb gelegenen Gartenhäusern und Feldstadeln in Erwartung eines Angriffs auf die Stadt. Für uns, das heißt für die Familie Schmitz, hatte ich die Parole ausgegeben: bei Luftalarmen aufs Feld in Deckung gehen, für Kampftage im Hause bleiben, im Keller ausharren."[141]

Mancher Biberacher empfand das Ende des Krieges als wirkliche Befreiung von Terror und Krieg, die meisten waren zumindest erleichtert über das Ende des Krieges. „Jetzt", beschrieb die „Schwäbische Zeitung" die Stimmung in einem Artikel zum ersten Jahrestag der Befreiung, „nachdem jede weitere Gefahr gebannt war, kamen die verängstigten und verstörten Menschen in Massen aus den Stollen und Kellern, von einem schweren Alpdruck befreit, endlich erlöst vom nationalsozialistischen Joch und glücklich und dankbar, dass die Heimat auch in der Schlussphase dieses furchtbaren Krieges im Wesentlichen unversehrt blieb."[142]

„Nach der Besetzung lag alles still, Bahn, Post, Telefon, Telegraph", schilderte Guido Schmitz die Schwierigkeiten, die auch die Seidenweberei betrafen: „Man war auf den Fußgängerverkehr angewiesen und selbst dieser war beschränkt, denn für jeden Gang über die Ortsgrenze hinaus bedurfte es eines Passierscheines, um den stunden- und tagelang ‚angestanden' werden musste. Morgens und abends bestanden Ausgehverbote. Das Radfahren war nicht erlaubt. Dieser Zustand besteht im Wesentlichen heute noch. Nur bescheidene Lockerungen sind gewährt worden. Ich hielt mich vielfach an diese Vorschriften und riskierte mit meinem Schweizerpass Reisen mit dem Fahrrad zu unseren benachbarten Lägern, ja bis in die Bodenseegegend und nach dem wieder erstarkten Österreich."[143]

Biberach erlebte nach der Besetzung Wochen der Anarchie und des Chaos. Die Bevölkerung litt unter den Besatzungstruppen. Folgen wir dem schon mehrfach zitierten Brief von Guido Schmitz an seinen Freund Stockhausen: „Autos, Garagen, Ware, Säle zu Einquartierungen, Hühner alles war von den Besatzungstruppen und durchziehenden Verbänden gesucht und verlangt ... Unruhe und Unsicherheit ohne Ende herrschen jetzt noch. Ausquartierungen für die Truppen, Hausdurchsuchungen nach deutschen Soldaten und Waffen und auch nach Beutestücken aus dem Frankreichfeldzug waren ständig zu erwarten. In der ersten Zeit wurden der Bevölkerung Wertsachen auf der Straße abgenommen und Gewalttaten verübt."[144]

Tausende von „Fremdarbeitern", Kriegsgefangenen und KZ-Häftlingen strömten nach Biberach, wo sie sich holten, was sie zu benötigen glaubten.[145] Sichtlich erschüttert berichtete Schmitz dem Freund in Frankfurt: „Schwerer wurde es noch, als die zahlreichen Ausländer, hauptsächlich Russen, Polen und so weiter, ... begannen, sich ihrer ‚Freiheit' bewusst zu werden. Läden und Läger, besonders von Schuhen, Textilien, Tabak und Lebensmitteln wurden geplündert. Auch deutsche, selbst gutbürgerliche Kreise, beteiligten sich daran. Über Bestände, die die Wehrmacht oder Reichsarbeitsdienst freigegeben hatten, bevor die fremden Truppen einrückten, fielen die Menschen her wie die Hyänen. Die Menschen ganz allgemein boten ein klägliches Bild. Raff- und Beutegier, Hass, Neid, Missgunst triumphierten. Haltlosigkeit und Zügellosigkeit, auch der Frauen und Mädchen in beachtlicher Zahl, waren widerlich, wie das ganze traurige Geschehen ... Alles Treiben war begleitet von dauernden Schießereien. Es knallte Tag und Nacht. Wild in Wald und Feld, Tauben, Fische im Wasser, Hühner im Hof, Vögel, die in der Brut waren, auf alles wurde geschossen ...Nichts war mehr sicher, Verbotstafeln, Wegmarkierungen, Teerfässer, Telefon und Starkstromglocken an den Masten, ja der leere Luftraum waren Zielpunkte. Es war bitterernst und doch soviel Spielerei. Schreiende Radiomusik all überall. Auf Biberachs alten Stadttürmen bimmelten die Glocken von morgens bis abends. Tiere wurden vor den Haustüren geschlachtet. Jeder wollte noch besser essen und trinken. Wie ein Henkersmahl bot sich alles dar. Nichts blieb unberührt. Nichts war mehr heilig"[146] Auch Sohn Gert wurde Opfer der Gewalt. Am hellen Tage fielen ihn zwei Russen mit vorgehaltenen Revolvern an, beraubten ihn seiner Uhr und entließen ihn mit einem Faustschlag ins Gesicht.[147]

Ein schweizerischer Schutzbrief schützte das Schmitzsche Anwesen weitgehend vor Übergriffen.[148] Dennoch war manch kritische Situation zu bestehen. Eines Nachts entwickelte sich um die Seidenweberei ein richtiges Feuergefecht. Eine französische Wache kam auf Signale hin Schmitz zu Hilfe. Daraufhin wurden Hilfsgemeinschaften mit Lärminstrumenten und Prügeln gebildet. „Mir gelang es bis jetzt, vielfach von einem Betriebsleiter und Werner oder Gert unterstützt, alles, sogar die Ziegen und Hühner der Werksküche zu behüten. Die letzteren brachten wir vorübergehend in der Schreinerei in Sicherheit und behielten sie in Gefangenschaft. Es war nicht leicht, immer alle Anstürme abzuwehren. Dass ich französisch spreche, und dann eben mein Schweizerpass helfen mir sehr."[149]

Guido Schmitz zeichnete ein düsteres Bild der Zukunft, an die er, wie es fast erscheint, nicht mehr glaubte oder glauben konnte angesichts der deprimierenden Zustände und der tiefen Sinnkrise, die er spürte und sah und die ihm jede Zuversicht verunmöglichte: „Für diejenigen, die sehen konnten und wollten, war klar, dass die Lage verzweifelt war, dass wir am Ende einer Epoche standen und nun unter schwersten Bedingungen nach neuen Lebensformen suchen und darum ringen müssen. Alles Überlieferte ist zerschlagen, Neues noch nicht da, jede Entfaltungsmöglichkeit, Orientierungsmöglichkeit ist unterbunden. Wie unmündigen Kindern wurde alles untersagt. Zusammenkünfte, Versammlungen, Zeitungen, Schulen."[150] Deutschland erschien ihm entblößt, isoliert, in geistiger Verarmung, „stillgelegt". Denn die guten Zeitungs- und Zeitschriftenverlage waren entweder von den Nationalsozialisten verboten oder im Bombenkrieg zerstört worden, seit Jahren fehlte es an geistigen Verbindungen zum Ausland, jeder Vergleichsmaßstab und jede Austauschmöglichkeit fehlte. Und darüber hinaus beschlagnahmten die Besatzungsbehörden alle fremdsprachigen Bücher und Wörterbücher. Immer wieder zweifelte er daran, dass sich das deutsche Volk der ganzen Schwere seiner materiellen, vor allem aber seiner geistigen Armut noch nicht bewusst sei. Der Idealist, der an das Gute im Menschen glaubte, zweifelte an seinen Mitmenschen: „Von Liebe, die befreien könnte, ist nirgends etwas zu hören, nirgends ist sie spürbar. Die Seele ist in den Menschen verstummt! Sie ist verdrängt und übertönt! Überall, ausgenommen vereinzelte, zurückgezogen lebende Menschen, fehlen diejenigen Eigenschaften, die nach Schiller das Wesen des Genies ausmachen: Schamhaftigkeit, Verständigkeit, Treue, Bescheidenheit."[151] Folgerichtig schloss er, nur das Geistige werde die alleinige Chance Deutschlands sein, sich aus der Abschnürung im Laufe eines langen Zeitraums zu lösen und sich wieder Ansehen und Geltung zu verschaffen.[152]

Man gewöhnte sich an ein Leben ohne Gas, Wasser und Strom, und an eine Zeit, in der das Haareschneiden zum Problem werden konnte. Alles, was das Leben erleichterte, nahm Guido Schmitz als großes Geschenk entgegen: eine ruhige Nacht, ein ungestörtes und ungetrübtes Viertelstündchen für eine Aussprache in der Familie, ein Buch, einen Laib Brot. Überhaupt gab die Familie großen Rückhalt und wohl auch manche glückliche Stunden: „Und wir erleben zu Hause immer wieder den Wettstreit, dass einer den anderen entlasten oder ihm mehr zukommen lassen möchte.“[153]

Dem Brief an Stockhausen verdanken wir eine ausführliche Schilderung über die Seidenweberei in den ersten Nachkriegswochen. „In den Nähereien nahmen wir die Arbeit schon nach einer Woche nach dem Einzug der fremden Truppen wieder auf. Die Weberei musste warten, bis die Stromzufuhr nach zehn Tagen wieder regelmäßig einsetzte. Wir haben sofort alle Betriebsangehörigen aufgenommen, selbst diejenigen aus den Metallabteilungen und auch solche, die in den Kriegsjahren in andere Fabriken dienstverpflichtet worden waren, soweit sie wieder zu uns kommen wollten und konnten ... Trotz großer Schwierigkeiten und ohne eigenes Auto lösten wir in den vergangenen Wochen unsere auswärtigen Läger und die Nähereiabteilung in Mosbach/Baden auf und konzentrieren nun unsere Produktion auf Biberach.“[154]

Die Seidenweberei Schmitz nahm durch die schweizer Staatsbürgerschaft von Guido Schmitz eine privilegierte, eine „etwas eigenartige Stellung den Besatzungsbehörden gegenüber“ ein, wie er befand. Rechtlich war sie gegen Zugriffe, vor allem gegen Beschlagnahmungen geschützt. Allerdings konnte er sich gegen Käufe durch das französische Heer oder durch Kommissionen, die Waren aller Art für Frankreich aufkauften, nicht wehren. So musste er, dank der Unterstützung durch den schweizerischen Konsul, bis Ende Juli 1945 nur einmal einen beachtlichen Posten Stoffe abgeben, die dann allerdings in der Näherei fehlten. Nichtsdestotrotz, das Schmitzsche Unternehmen war die einzige Weberei, die in der Lage war zu liefern. „Wir sind deshalb bei der erreichbaren Kundschaft und auch beim hiesigen Wirtschaftsamt so begehrt und angesehen wie nie!“[155]

Guido Schmitz brachte seinen Betrieb wieder in Gang, mühsam zwar und trotz aller Schwierigkeiten. Die Industrie litt in den ersten Nachkriegsjahren unter Kohle- und Rohstoffmangel, vor allem während des Krisenwinters 1946/47, als die Kohleversorgung wegen vereister Flüsse fast zum Erliegen kam. Ebenso erschwerten ständige Stromrationierungen und der Mangel an Arbeitskräften die Produktion. Guido Schmitz hatte Vorsorge getroffen und unmittelbar nach Kriegsbeginn Torffelder gekauft, die ungefähr 50 km von Biberach entfernt lagen. Doch „dieser Umstand, der Mangel eines großen Lastwagens und die Unmöglichkeit, genügend Arbeitskräfte zu bekommen, verhinderte diesen Sommer den Abbau. Im nächsten Jahr hoffen wir, diese Schwierigkeiten überwinden zu können, Einstweilen sind wir noch auf mehrere Monate versorgt und helfen uns außerdem mit Holz aus. Täglich arbeiten wir im Walde, schlagen Holz und roden Stockholz."[156]

Die Grenzen zwischen den Besatzungszonen bildeten fast unüberwindliche Hindernisse. Ebenso hemmte das zerstörte und nur mühsam in Gang kommende Eisenbahnnetz den wirtschaftlichen Neubeginn. Unternehmen waren von ihren Rohstofflieferanten wie auch von ihren Kunden abgeschnitten. Auch die Seidenweberei litt unter diesen Schwierigkeiten. Zwar blieben die Betriebswerkstätten im Bregenzerwald bestehen, aber sie waren durch die wieder errichtete Grenze zwischen Deutschland und Österreich von Biberach völlig abgeschnitten. Die Weiterverarbeitung der Stoffe war in Frage gestellt, da Färbereien und Druckereien zerstört, geplündert waren oder in anderen Besatzungszonen lagen, wie eine Färberei in Gera, die zu Schmitz' Kunden gehört hatte. Zu anderen Ausrüstereien bestanden seit Februar 1945 überhaupt keine Kontakte mehr. So zweifelte Guido Schmitz daran, auch wenn die Möglichkeit bestünde, wieder Ware versenden zu können, ob überhaupt gefärbt werden könne, denn es fehle diesen enormen Kohlenverbrauchern an Brennmaterial und auch an Chemikalien. Auch die Garnbeschaffung war seit Jahresbeginn zum völligen Erliegen gekommen. Glücklicherweise besaß die Seidenweberei große Vorräte, sodass die Arbeit für mehrere Monate gesichert war.[157]

In der ausreichenden Ernährung seiner Belegschaft sah Guido Schmitz eine ebenso wichtige Aufgabe, wie die Seidenweberei am Laufen zu halten. Obwohl niemand bisher hungern musste, da die Rationen für Brot und Fleisch noch auf gleicher Höhe oder nur wenig unter denjenigen vor der Befreiung lagen, hielt er die Zuteilungen für unzureichend, und nur der Umstand, dass die meisten Menschen noch Vorräte besaßen, verhinderte den Hunger. Aber Fett, Nährmittel und Zucker fehlten seit Monaten völlig. Schwere Arbeit konnte bei einer solchen Ernährungslage kaum geleistet werden. Der Werksküche kam daher große Bedeutung zu. Dem Freund Stockhausen berichtete er: „Große Freude bereitet uns, neben viel Kummer, unsere Landwirtschaft und die Werksküche. Jetzt haben sich beide ohne Zuschüsse des Ernährungsamtes zu bewähren. Zum Vesper verteilen wir Ziegenmilch oder guten Kaffee mit Milch. Das Mittagessen stellt nach wie vor eine reichliche Mahlzeit dar. Sie kostet 30 Pfennig und für alle fünf Mahlzeiten in der Woche nur 20 Gramm Fett und 100 Gramm Brotmarken. Ich glaube, dass diese Leistung wohl einmalig ist. Mit unserer Ziegenmilch buttern wir, machen selbst Käse und Quark. Wir müssen zwar Gemüse und Obst trotz eigenem Anbau dazu kaufen, ebenso Suppeneinlagen und ähnliche Zutaten, aber beinahe kann man sagen, dass wir vom Grashalm bis zum fertigen Essen alles selbst herstellen.“ Da es in der kaufmännischen Abteilung wegen des geringen Geschäftsverkehrs nur wenig Arbeit gab, entsandte Guido Schmitz die jungen Angestellten zur tageweisen Arbeit auf Bauernhöfe, wofür die Werksküche Gemüse und sonstige Beihilfen erhielt[158] Ende Juli schickte Guido Schmitz die gesamte Belegschaft für zehn Tage zur Erntehilfe und zum Ährenlesen auf das Land, wo sie sich Vorräte für den Winter verdienen konnte.[159]

Guido Schmitz versuchte, die Arbeits- und Lebensbedingungen seiner Belegschaft zu erleichtern. Die wöchentliche Arbeitszeit wurde auf 42 Stunden herabgesetzt, um den Arbeiterinnen ihre Hausarbeit zu erleichtern, und so organisiert, dass am Samstag nicht gearbeitet werden musste. Die Betreuung der Familien, deren Väter und Söhne noch nicht heimgekehrt waren, wurde fortgeführt. Die Altersrenten konnten weiter ausgezahlt werden. „So können sich unsere Betriebsangehörigen einigermaßen geborgen und versorgt fühlen. Manche Bedrohung ist ihnen genommen. Ob dies wohl vielen zum Bewusstsein kommt? Jedenfalls arbeiten wir, von alltäglichen Entgleisungen im Kleinen abgesehen, mit gegenseitigem Verständnis, in Eintracht und ohne Zwang! Dies kann nicht hoch genug eingeschätzt werden.“ Auch die Jacquard-Stoffe zeichneten sich durch ungewöhnliche Muster aus, die nur möglich waren, weil Guido Schmitz die Technik bis zum Letzten ausschöpfte.[160]

Obgleich Guido Schmitz mit der bis Ende Juli 1945 geleisteten Aufbauarbeit zufrieden sein konnte und im Gegensatz zu den anderen Biberacher Industrieunternehmen, die noch nicht oder nur in geringem Umfange arbeiteten, vergleichsweise gut dastand, verkannte er nicht die Gefahren, die immer noch drohten. Er teilte Stockhausen mit: „Wir sind uns selbstverständlich klar darüber, dass auch unsere Existenz innerhalb der deutschen Mangelwirtschaft und angesichts des verbluteten und zerstörten Landes von vielen Seiten her bedroht ist. Viele unserer Maschinen bedürfen nach sechsjährigem Kriege und dem damit verbundenem Raubbau der Erneuerung. Dennoch erscheint unser Betrieb arbeitend, gepflegt, sauber, im und um das Haus herum mit Blumen geschmückt, umgeben von alten Baumbeständen – aber nicht durch Tarnfarben verdüstert und verschmiert – in seinem hellen Putz wie eine Insel, wie eine Oase in der Wüste für uns und erst recht für Besuche aus zerstörten Städten, die froh sein müssen, wenn ihnen Kellerräume zu ihrer Arbeit geblieben sind.“[161]

So konnte Guido Schmitz, nachdem er, wie er schrieb, die Lähmung abgeschüttelt und erfreuliche Ansätze zum Neuaufbau der Produktion erkannt hatte, mit vorsichtiger Zuversicht trotz aller Widrigkeiten, aber in dem Bewusstsein, ein Mann der Tat zu sein, in die Zukunft blicken: „Wir sind mit Eifer, aber ohne Schwung dabei. Wir handeln, als ob jetzt jeder Tag einen Fortschritt zu geregelteren und besseren Verhältnissen bedeuten würde, obwohl ungezählte und wichtigste Aufgaben nicht in Angriff genommen werden können. Jeder Initiative und jeder Unternehmungslust sind ungezählte Fesseln angelegt. Wirkliches Planen auf weite Sicht ist unmöglich. Ja, es ist so vieles fragwürdig, dass uns zu unserer Aufbauarbeit offen gestanden die Überzeugung fehlt! Wir wissen, dass noch kein Friede besteht und dass Gefahren im Hintergrunde lauern, die größer sind als die überwundenen des Krieges. Unsere Genugtuung über die Weiterentwicklung entspringt nur dem Bewusstsein, dass wir etwas geleistet haben, wenn es gelingt, den Betriebsangehörigen Arbeit und Brot gesichert zu haben.“[162]

Langsam erholte sich Schmitz & Co. von den Nach- und Auswirkungen des Krieges und den Wirren der ersten Nachkriegsmonate. Wegen des Garnmangels konnten nicht alle Weberinnen beschäftigt werden und wurden für eine neu eingerichtete Weberei umgeschult. Eigene Gewebe wurden zum Beispiel zu Blusen konfektioniert. Es waren zunächst einfachste Kleidungsstücke aus dem noch vorhandenen Kartuschbeutelstoff. Modischere Gewebe kamen später hinzu, zum Teil auch aus der eigenen Jacquardweberei, wozu die Näherei II eingerichtet wurde. In den Nachkriegsjahren entwickelte sich die Seidenweberei, die ausschließlich Kunstseidengewebe hergestellt hatte, somit zu einem mehrstufigen Textilbetrieb.[163]

Der Menschenfreund

Lager Lindele um 1947

Mit dem Wiederaufbau der Seidenweberei war Guido Schmitz gewiss stark belastet. Doch die schweren Nöte vieler Menschen trieben ihn dazu, seinem sozialen Gewissen und Verantwortungsbewusstsein folgend, weitere Arbeit auf sich zu laden. Für die Schweiz übernahm er konsularische Tätigkeiten, die ihn häufig durch ganz Oberschwaben und bis zur „Landeshauptstadt" Tübingen führten. Er nahm die Interessen schweizerischer Staatsbürger wahr, wozu auch die Verteilung von Lebensmitteln aus der Schweiz an sie gehörte.[164] Die größte Herausforderung bildete aber die Leitung des Roten Kreuzes Biberach.

Am 22. August 1945 kam Guido Schmitz der Bitte des Landratsamtes Biberach nach, die Leitung des Roten Kreuzes zu übernehmen, trotz der großen Belastung, die ihm der Wiederaufbau seines Unternehmens bereitete, und seiner großen Bedenken angesichts des Zeitaufwands vor allem für die Betreuung der bis zu rund 10 000 Kriegsgefangenen in den Lagern Lindele und Birkenfeld. Daher knüpfte er seine Zusage an Bedingungen. Das Amt sollte ihm interimistisch übertragen werden, da er nicht einschätzen konnte, ob er es schaffen würde, die berufliche und die Arbeit für das Rote Kreuz in Einklang zu bringen, und ihm deswegen das Recht zugestanden werden müsste, ge-

gebenenfalls von der Leitung des Roten Kreuzes zurücktreten zu dürfen. Ferner wollte er von der Bearbeitung politischer Fragen befreit sein, forderte das bedenkenlose Einverständnis der französischen Militärregierung und einen Passierschein für den jederzeitigen Eintritt in das Gefangenenlager. Nachdem ihm die Erfüllung seiner Bedingungen umgehend am nächsten Tag zugesichert worden war, wurde Guido Schmitz zum Leiter des Roten Kreuzes Biberach und zum stellvertretenden Landrat ernannt.[165] Dass er ersteres bis 1952 ausüben sollte, konnte er sich zu diesem Zeitpunkt gewiss nicht vorstellen. Im Übrigen lehnte Guido Schmitz im Januar 1946 das Angebot Bürgermeister Legers, in einem zu gründenden Städtischen Kulturausschuss mitzuwirken, wegen der Belastung durch seine Tätigkeit als Vorsitzender des Roten Kreuzes und die vielfältigen konsularischen Tätigkeiten für die Schweiz ab.[166]

Wegen seiner häufigen Abwesenheit bat Guido Schmitz um Mitarbeiter und schlug Max Hauschild vor, den allerdings die Militärregierung ablehnte, weil er aktiver Offizier gewesen war. Schließlich empfahl Landrat Fritz Erler, der spätere SPD-Vorsitzende, erst Wochen später Erwin Palmer, der ihm besonders geeignet erschien, da er französische Sprachkenntnisse besaß. Als hauptamtliche Sekretärin gewann er Fräulein Schmitz, nachdem ihr von der Kreissparkasse zugesichert worden war, nach der Beendigung der Tätigkeit beim Roten Kreuz an ihren bisherigen Arbeitsplatz zurückkehren zu können.[167] Im ehemaligen Gebäude des Konsumvereins am Viehmarkt, in dem die Metallfabrikation der Seidenweberei während des Krieges untergebracht war und das jetzt nicht mehr genutzt wurde, beabsichtigte er, die Geschäftsstelle des Roten Kreuzes unterzubringen.[168]

Hauptaufgabe des Roten Kreuzes war die Betreuung der deutschen Kriegsgefangenen im Lager Lindele, in dem auch zeitweise ehemalige Häftlinge der Konzentrationslager, so genannte „displaced persons“, aufgenommen wurden, bevor sie in ihre Heimatländer zurückgeführt werden konnten. Ende September 1945 zählte das Lager rund 5000 Gefangene, bis Mitte Oktober wurden weitere 4000 bis 6000 Gefangene erwartet. Zeitweilig gehörte zum Aufgabengebiet auch die Betreuung des Lagers Birkenfeld, in dem politisch Belastete Biberachs und der Umgebung interniert, zeitweise aber auch Kriegsgefangene untergebracht wurden.[169]

Der Herbst 1945 verdeutlicht schlaglichtartig die immensen Aufgaben und Probleme der Kriegsgefangenenfürsorge wie auch die Situation im Lager. An erster Stelle stand die Versorgung mit Lebensmitteln. Angesichts des bevorstehenden Winters mussten zusätzlich rund 5000 Decken besorgt sowie täglich 26 t Brennholz angeliefert werden. Hierzu sah sich das Rote Kreuz völlig außerstande, daher sollten Überlegungen angestellt werden, den Bedarf zu verringern.[170] Zumindest das Deckenproblem konnte teilweise gelöst werden, nachdem man sich mit den Landratsämtern Ehingen, Saulgau und Münsingen in Verbindung gesetzt und eine Deckensammlung im Landkreis Biberach durchgeführt hatte.[171] Der Gouverneur erlaubte im Dezember 1945 eine Sammlung von Handschuhen, Halstüchern und ähnlichen nützlichen Dingen, um die kranken und verwundeten Soldaten im Lazarett Ochsenhausen, die Gefangenen in den Kriegsgefangenenlagern Lindele und Birkendorf sowie die Schwestern und Helferinnen des Roten Kreuzes mit einer kleinen Weihnachtsgabe zu beschenken.[172]

Die hygienischen Verhältnisse waren katastrophal. Die Duschvorrichtungen waren völlig unzureichend. Für die Duscheinrichtung fasste man eine Erweiterung ins Auge und hoffte auf das Entgegenkommen des französischen Militärs, das im ehemaligen Lager des Reichsarbeitsdienstes Duschanlagen ausgebaut hatte. Daher bemühte sich Guido Schmitz um die Benutzung der städtischen Bade- und Waschanstalt. Dem Kampf gegen die Läuseplage stand man wehrlos gegenüber, denn Desinfektionsmittel fehlten, die man sich aus der US-amerikanischen Zone besorgen wollte. Schließlich war die Kücheneinrichtung nur für 1500 Mann ausgelegt und daher für die Versorgung von 5000 Mann völlig unzureichend. Vorschläge zur Lösung dieses Problems konnte niemand machen.[173] Guido Schmitz wäre nicht er selbst gewesen, wenn er sich nicht auch um kulturelle Belange gekümmert hätte. Er richtete eine Lagerbücherei ein, in die weder politische noch militärische oder ähnliche Lektüre aufgenommen werden durfte. Die angelieferten Bücher unterlagen daher einer Zensur.[174]

Möglichst viele der Kriegsgefangenen sollten nach den Vorstellungen Guido Schmitz' arbeiten. So griff er auf die Idee des Siedlungsbaus aus den Zwanzigerjahren zurück. Ob sein Vorschlag, von den Kriegsgefangenen zusammensetzbare und transportable Holzhäuser für die Errichtung einer Siedlung in Biberach oder den Export nach Frankreich bauen zu lassen, realisiert wurde, scheint eher unwahrscheinlich.[175] Die französische Lagerverwaltung befürwortete den von Schmitz vorgeschlagenen Außeneinsatz der Kriegsgefangenen und erklärte sich damit einverstanden, dass die Stadt, die Forstverwaltungen, Industrie- und Handwerksbetriebe oder Friedhofsgärtnereien Kriegsgefangene beschäftigten. Jeden Morgen wurden sie um 7.30 Uhr auf den Marktplatz geführt, wo sie abgeholt werden konnten und wohin sie um 17.30 Uhr zurückgebracht werden mussten.[176]

Zeitraubende, aber unbedingt notwendige organisatorische Arbeit gehörte ebenfalls zu den Aufgaben des Vorsitzenden. So war der Fuhrbetrieb sicherzustellen. Da für das Rote Kreuz die Anschaffung eines Lastwagens kaum in Frage kam, wurden für die Versorgung des Lagers mindestens zwölf Pferde notwendig, deren erheblicher Futterbedarf zusätzliche Kosten bedeutet hätte. So bemühte man sich um Fuhrwerke in den Landgemeinden, die während des Winters den Transport übernehmen sollten.[177] Darüber hinaus musste sich Guido Schmitz darum kümmern, dass den Lebensmittellieferanten ihre Rechnungen bezahlt werden. Teilweise beliefen sich die Außenstände auf bis zu 15 000 RM eines einzelnen Lieferanten.[178] Selbst um die Freilassung eines jungen Kriegsgefangenen, der an Epilepsie erkrankt war und im Lager keine sachgemäße Betreuung bekommen konnte, kümmerte sich Guido Schmitz im Oktober 1945 persönlich.[179]

Die finanzielle Situation war prekär. Die laufenden Kosten (Wegegeld für entlassene Kriegsgefangene, Kosten für Lebensmittel etc.) wurden monatlich mindesten 255 000 bis maximal 310 000 RM veranschlagt, denen lediglich 18 000 RM aus Vermögen, Spenden und Mitgliedsbeiträgen, sofern ihr Einzug gestattet werden sollte, gegenüberstanden. Über den Arbeitseinsatz der Kriegsgefangenen hoffte man auf 100 000 RM an Einnahmen.[180] Das Geldproblem blieb ständiger Begleiter der alltäglichen Arbeit. Vergeblich hoffte man nach der Auflösung des Roten Kreuzes und der Gründung der „Gesellschaft für Gesundheitsfürsorge und Kriegsgefangendienst“ auf eine Verbesserung der finanziellen Verhältnisse. Vergeblich. Im Februar 1946 half Guido Schmitz mit 1000 RM aus, damit längst fällige Rechnungen bezahlt werden konnten.[181]

An die Stelle des Roten Kreuzes trat nach dessen von der französischen Militärregierung befohlenen Auflösung am 31. März 1946 die „Gesellschaft für Gesundheitsfürsorge und Kriegsgefangenendienst für die französisch besetzten Gebiete Württembergs und Hohenzollerns“. Ihr Aufgabenkatalog unterschied sich nicht von dem ihrer Vorgängerin: Hilfeleistung bei öffentlichen Notständen und Unglücksfällen, öffentliche Gesundheitspflege und Fürsorge für Vermisste, Kriegsgefangene und Kriegsbeschädigte. Mitglied konnten alle deutschen Männer und Frauen sein, die die bürgerlichen Ehrenrechte besaßen und politisch nicht zu beanstanden waren, d. h. weder der NSDAP noch einer ihrer Organisationen oder Gliederungen angehört hatten.[182] Guido Schmitz behielt den Kreisvorsitz nach der Neugründung des Roten Kreuzes am 28. Februar 1949 und legte erst am 7. Juni 1952 sein Amt nieder. Für seine vielseitige aufopfernde und uneigennützige Tätigkeit wurde er zum Ehrenmitglied des Vereins ernannt.[183] Maßgeblich hatte Guido Schmitz an der Neuordnung des Roten Kreuzes durch viele ideenreiche Vorschläge mitgewirkt, vor allem immer wieder Gelder und Mittel zur Linderung der Not der Kriegsgefangenen und Heimkehrer durch Versammlungen und persönliche Opfer gesammelt und sich auch um Arbeit für die Flüchtlinge und Heimatvertriebenen bemüht.[184] So sehr das Amt an Kraft und Zeit gekostet hatte, so wenig mochte er die siebenjährige Tätigkeit für Not leidende Menschen in seinem Leben missen, wie er in einem Glückwunschbrief zum 75. Jahrestag des Biberacher Roten Kreuzes an den Kreisvorsitzenden schrieb.[185]

Der Kunstliebhaber

Bereits in jungen Jahren entdeckte Guido Schmitz seine Liebe zur Kunst. Jahrzehntelang schlummerte sein Kunstinteresse, doch seine Begeisterungsfähigkeit für Malerei und Plastiken litt keineswegs darunter. Jetzt, nach dem Kriegsende, räumte er der Kunst einen größeren Platz in seinem Leben ein. Guido Schmitz förderte und half Künstlern, die zum Überleben einer Unterstützung bedurften und begleitete oft jahrelang ihre Entwicklung. Er war kein Mäzen im eigentlichen Sinn, sondern wirkte im Stillen und Verborgenen und kaufte Gemälde nach Gefallen, vor allem dann, wenn der Künstler in Not war. So lebte und malte nach dem Krieg Julius Bissier in Hagnau am Bodensee, verdiente aber nichts. Die Familie nährte sich allein von der Handweberei seiner Frau. Heimlich erwarb Guido Schmitz Gemälde und half so mit über die schwierige Zeit der Nachkriegsjahre. Mit Julius Bissier verband ihn eine lebenslange tiefe Freundschaft, auch und gerade wegen ihrer gemeinsamen ästhetischen Vorstellungen. Ebenso unterstützte Guido Schmitz Max Ackermann, Jakob Bräckle, zu dessen ersten Förderern er gehörte und der ihm zu einem nahen Freund wurde, Romane Holderried-Kaesdorf und Ruth Berndt.[186]

Guido Schmitz stellte auch an die künstlerische Qualität seiner Stoffkollektionen für Kleider höchste Ansprüche. Ihre Des-

Guido Schmitz

sins gewannen hohe Anerkennung und stellten ein Alleinstellungsmerkmal dar. Kaum eine andere Seidenweberei brachte Stoffe dieser künstlerischen Qualität hervor. Auf manchmal ungewöhnliche Art kamen die Muster zustande. Beispielsweise verwendete man Fotos von Guido Schmitz, die feingliedrige Strukturen aus der Natur zeigten. Ein anderes Mal legte Gerhard Ruhenstroth, ein Schüler des Malers Georg Muche, der in den Semesterferien 1956 als Werkstudent nach Biberach kam und dann bis zum Ende der Seidenweberei 1970 für die Dessins verantwortlich zeichnete, mit einem Sandstrahler die härteren Strukturen eines Holzbrettes frei. Mit diesem Muster gelang der Firma Plutina in Wuppertal ein überwältigender Erfolg. Oft waren die Dessins künstlerisch zwar sehr wertvoll, aber unverkäuflich. Im Übrigen genoss auch Ruhenstroth in künstlerischer Hinsicht die Unterstützung seines Arbeitgebers. Er durfte sich im Atelier über der Näherei seiner eigenen Malerei widmen.[187]

Der gebürtige Biberacher Architekt Hugo Häring kehrte im Herbst 1943 in seine Heimatstadt zurück, nachdem Bomben seine „Private Schule für Gestaltung ‚Kunst und Werk'", die frühere Reimannschule, in Berlin zerstört hatten, die er 1935 von ihrem Gründer Albert Reimann, einem Juden, übernommen hatte. In Biberach wollte Häring sie fortführen, bevor die Schule nach dem Kriegsende am Bodensee gemeinsam mit Max Ackermann, einem Dozenten seiner Berliner Schule, und mit der Hilfe von Guido Schmitz wieder aufgebaut werden sollte. Beide Vorhaben konnte er jedoch nicht verwirklichen. In Biberach erlebte Häring seine glücklichsten Jahre[188]

Die Wege Hugo Härings und Guido Schmitz' führten bald zueinander, und bald entwickelte sich eine freundschaftliche Beziehung. Über Häring lernte Guido Schmitz den Architekten Hans Scharoun, Härings Freund und Mitstreiter, der die Berliner Philharmonie schuf, wie auch Heinrich Lauterbach kennen, den späteren Nachlassverwalter Härings, der seinen Lebensabend in Biberach verbrachte und zu einem Freund Schmitz' wurde.[189] Bereits während der Krefelder Zeit machte Guido Schmitz die Bekanntschaft mit zwei ehemaligen Dozenten des Bauhau-

Guido Schmitz beim Betrachten von Gemälden von Julius Bissier

ses: den Malern Georg Muche, der auch an Härings Berliner Schule lehrte, und Johannes Itten, dessen Tagebücher während der Nazizeit im Schmitzschen Hause versteckt wurden und ohne diese sein Hauptwerk „Kunst der Farbe" nicht möglich gewesen wäre.[190] Guido Schmitz lud auch Schriftsteller ein, so Heinrich Weiß und den im nahen Wilfingen lebenden Ernst Jünger, mit dem er auf besondere Weise in Verbindung kam. Max Hattingen, ein Teilhaber von Schmitz & Co., hatte zu Beginn der Vierzigerjahre Ernst Jünger in Paris kennen gelernt und spielt in dessen Tagebuchwerk „Strahlungen" eine wichtige Rolle. Im Übrigen desertierte Hattingen kurz vor Kriegsende nach Biberach, wo im Schmitzschen Haus seine Hauptmanns-Uniform verbrannte wurde.[191]

Guido Schmitz unterstützte die Hochschule für Gestaltung (HfG), der Nachfolgerein des Bauhauses in Ulm, die im August 1953 ihre Lehrtätigkeit aufnahm. Er verfolgte die Entwicklung mit großem Interesse und voller Bewunderung und half nach besten Kräften. Der Aufbau der Hochschule war für ihn „ein großes Werk und eine fast erdrückende Aufgabe. Wir erleben all' die Schwierigkeiten, die bei einem derartigen Unternehmen auftreten, mit Ihnen", wie er Inge Aicher-Scholl, der treibenden Kraft und der Schwester der von den Nationalsozialisten ermordeten Widerstandskämpfer Hans und Sophie Scholl, im April 1955 schrieb.[192] Er sammelte bei oberschwäbischen Unternehmen Gelder für den Bau der Hochschule für Gestaltung (HfG) auf dem Kuhberg, warb bei der Industrie- und Handelskammer in Ravensburg für die Hochschule, unterstützte selbst das Stipendiat für jüdische Studenten und gehörte dem Beirat der Geschwister-Scholl-Stiftung an.[193] Ende Juli 1955 sah sich die HfG scharfen Angriffen des Ulmer CDU-Stadtrates Wiedemeier ausgesetzt, der ihr vorwarf, eine Entwicklung durchlaufen zu haben, die mit ihren ursprünglichen Zielen nichts mehr zu tun hätte. Den Anlass dazu gab ihm ein Vortrag des Professors Max Bense, des Dekans der der Philosophischen Fakultät der Technischen Hochschule in Stuttgart, an der HfG, in dem dieser die Ideologie des Christentums als Unsinn bezeichnet hatte. Guido Schmitz verteidigte in einem Schreiben an Wiedemeier entschieden die Lehrfreiheit des Gastdozenten „im Interesse der hohen Ziele dieser Hochschule und denjenigen der Industrie“ mit der Bitte, Wiedemeier möge seinen Standpunkt überprüfen und „diesem bedeutenden Werke die notwendige Zeit für seine Entwicklung“ gönnen.[194]

Inge Aicher-Scholl und Guido Schmitz verband eine aufrichtige, von Bewunderung und Dankbarkeit geprägte Freundschaft, die in den wiederholten Einladungen, sie und ihre Familie in ihrem neuen Haus auf dem Kuhberg zu besuchen, zum Ausdruck kam, „... und zwar nach Ostern [1955], wenn die Küche eingerichtet ist und wir Ihnen eine kleine Kostprobe davon geben können. Vielleicht ist es dann so warm und schön, dass Sie auf der Terrasse sitzen und Ihren Blick auf der schönen oberschwäbischen Landschaft ruhen lassen können.“ Auch dankte sie für den „reizenden Vorhangstoff“, der ihren neugeborenen Zwillingen den Schlaf bewahrte.[195]

Hugo Häring gilt als ein wichtiger Vertreter des „Neuen Bauens“, einer avantgardistischen Architekturströmung nach dem Ersten Weltkrieg. Sie richtete sich gegen den Stil der Wilhelminischen Epoche. Kennzeichnend sind u. a. der Verzicht auf repräsentative Details, Verwendung von industriell gefertigten Baustoffen, weißer Verputz, asymmetrische Gruppierung kubischer Elemente sowie Funktionalität, Sachlichkeit und Lichtfülle. Seit etwa 1926 nannte auch Häring seine Theorie vom „Organhaften Bauen“ Neues Bauen. Die Gestalt ergibt sich zwingend aus der Funktion und der erlebte Raum ist wichtiger als das Gehäuse, das ihn umgibt.[196] In der Gestaltung der Gebrauchsgegenstände, wie zum Beispiel Möbel, der Wohnungen und Häuser muss, so Härings Forderung, ihre „wesenheit“ sichtbar sein. Geometrische Zwangsformen erfüllen diese Forderung nicht. Die „wesenheit“ eines zu gestaltenden Hauses beispielsweise ist das, was es zu einem Ganzen macht, d. h. was es mit dem „lebendigen“ gemein hat. Häring baute von innen nach außen. „So näherte er sich dem natürlichen Bauvorgang der Organismen. Die Natur strebt die Erfüllung der „wesenheit“ an, nimmt keine Rücksicht auf äußere Formen, denn die „wesenheit“ ist in dem zu gestaltenden Gegenstand enthalten, und der Schaffende hat die Aufgabe, sie sichtbar zu machen.“[197] So nimmt in der „gestalt“ die „wesenheit“ ihre sichtbare Form an. Zu seinen wichtigsten Bauten zählen das Gut Garkau bei Gleschendorf in Schleswig-Holstein (1924/25) sowie die Siedlungsbauten in Berlin-Zehlendorf (1926) und in Berlin-Siemensstadt (1929/30).

„Ein solcher Mann muss eine Chance haben“,[198] meinte Schmitz über seinen

Die Häring-Häuser am Mettenberger Weg

Freund. Als sich die wirtschaftlichen Verhältnisse verbessert und auch die Seidenweberei die Anfangsschwierigkeiten der Nachkriegszeit überwunden hatte, sah Schmitz die Chance gekommen. Er griff wieder den Siedlungsgedanken auf und beauftragte Häring mit der Planung einer Siedlung für seine Angestellten und Arbeiter in Birkendorf. Es sollten eingeschossige Einfamilienhäuser mit einem Satteldach anstatt eines Flachdaches, die sich um den öffentlichen Erschließungsraum gruppierten, errichtet werden.[199]

Guido Schmitz ermöglichte Hugo Häring den ersten Bau, der auch sein letzter werden sollte, seit 1938, als dieser, von Nationalsozialisten als „undeutsch“ und „Kulturbolschewist“ verfemt, letztmals ein Wohnhaus, das Haus Prittwitz in Tutzing am Starnberger See, erbauen konnte.[200] Geplant waren drei Wohnhäuser für Schmitz selbst und seine beiden Söhne Werner und Gert am Mettenberger Weg, von denen zwei in den Jahren 1950 bis 1952 errichtet wurden und die heute unter Denkmalschutz stehen.[201] Die beiden Häuser sind im Gesamtwerk betrachtet das Ergebnis seiner Wohnhausstudien in den Nachkriegsjahren. „Der mittelbare wert unserer studien“, schrieb Häring 1952, „bewies sich an zwei wohnbauten, die der verfasser im jahr 1952 in biberach an der riss ausführen konnte. Die rücksicht auf baukosten und gangbare konstruktionen legten der planung beschränkungen auf, trotzdem ist erreicht, was wir in unseren studien anstrebten, das haus stellt einen kontakt zu dem wohnenden her, der sich in den gewohnten grundrissen nicht einfindet. Die distanz zu den räumen erscheint aufgehoben, die zugehörigkeit des bauens zum leben, das sich in ihm bewegt, wird zu einem körperlichen kontakt.“[202]

In seiner Rede zum Richtfest 1951, die Härings Theorie des „Organhaften Bauens" anschaulich darstellt und daher ausführlich zitiert sei, beschrieb Guido Schmitz sein Haus: „Was ist denn nun an den beiden Bauten ... neu und eigenartig? ... Denken Sie nicht, dass es sich hier um Stilfragen, etwa um einen ‚modernen' Stil handelt. Der Stil ergibt sich von selbst, eigentlich nachträglich. Die Aufgabe lautet ganz einfach: den Menschen ein Heim, ein Zuhause bauen. Seine Form entspricht den Lebensbedürfnissen. Nicht irgendeine Fassade ist wichtig und entscheidend, sondern das Innere bestimmt das Äußere. Es wird von innen nach außen gebaut. Die Forderungen lauten: mit einem Mindestmaß an Raum, der Größe der Familie angepasst, auskommen; jedem Raum viel Luft und Licht geben; der den kalten Winterwinden ausgesetzten Nordseite wenig Abkühlungsmöglichkeiten geben; ausreichende hygienische Einrichtungen; materialgerecht, zweckentsprechend und ehrlich bauen!
Die Ecken, der Sägeschnitt, hat doppelte Bedeutung: Sie werden bald beobachten können, dass dadurch die Sonne von morgens früh bis spät abends eingefangen wird. Zudem: Wenn Sie kleine Zimmer bauen, tritt leicht das Empfinden der Engigkeit ein, wenn sie quadratisch oder rechteckig sind. Durch die Bildung von Ecken tritt eine Auflockerung ein, es bilden sich besonders wohnliche Wohngelegenheiten. Das flache Dach ergibt sich daraus, dass keine ‚Bühne' benötigt wird. Was einzulagern ist, hat reichlich Platz unter dem Haus, aus dem über-, aber nicht umbauten Raum, der sich durch das starke Gefälle des Geländes ergibt."[203]

„Es ist ein heiteres, beseeltes und gewinnendes Haus geworden", schrieb Guido Schmitz über sein Empfinden und über das „Wesen" seines Hauses in einem Artikel, der 1952 in einer Fachzeitschrift veröffentlicht wurde, „das sein Wesen auf die Menschen, die darin leben, überträgt. Es verwandelt und regt zu erfülltem Leben an. ... Die innere Einteilung weckt den Sinn für Raumempfinden. Die Räume sind nach außen offen und wirken doch nach innen. In solcher Umgebung kann man arbeiten, besinnlich sein und ausruhen. ... Das Abweichen von der rechteckigen oder quadratischen Form bietet ungeahnte Möglichkeiten. Ein rechter Winkel wirkt meist streng, ein stumpfer kann öffnen, ausweiten, umfangen, jedenfalls lockert er auf."[204]

Aufschwung, Krise und das Ende der Seidenweberei

Der Websaal mit dem Luftkanal der Klimaanlage

Geradezu symbolträchtig stehen die umfangreichen Um-, An- und Neubauten der Seidenweberei, die in anderthalb Jahren Bauzeit 1949 und 1950 erstellt wurden und für die Rationalisierung des Fabrikationsprozesses dringend notwendig geworden waren, für den beginnenden Wirtschaftsaufschwung, das so genannte „Wirtschaftswunder". Margot Aschenbrenner, Mitarbeiterin Hugo Härings und an Härings Berliner Schule Leiterin der Abteilung für Foto und Film gewesen, beschrieb in einem anspruchsvoll gemachten, mit den Fotos des Stuttgarter Fotografen Willi Moegle ausgestatteten Band die Neubauten in der von Häring bevorzugten Kleinschreibung. Im großen Neubau fanden das Lager, die Packerei, der Verkauf und die Mustermacherei ihren Platz, im Stockwerk darüber wurde die Buchhaltung untergebracht.[205] Der große Websaal, „in dem der technische pulsschlag am heftigsten klopft, erhielt eine vollautomatische moderne klimaanlage, die „das innenklima des websaals ständig mit gereinigter außenluft auf[füllt], die – gefiltert, gereinigt, gemischt, mit dem für die verarbeitung des garns in der maschine notwendigen grad an luftfeuchtigkeit versehen – mit hilfe eines systems von trichtern und ka-

▲ Kesselhaus

▲► Kohlenförderanlage

► Garnprüfraum

nälen in den websaal eingeführt und aus drei reihen von insgesamt fünfzig luftschächten als neue raumatmosphäre gespendet wird. Sie bildet nicht nur das richtige klima für faden und gewebe, sondern sie verschafft zugleich den arbeiterinnen und arbeitern, die an den webstühlen beschäftigt sind, ein wohlgefühl, das sich, wie die produktionskurve zeigt, in gesteigerte leistungsfähigkeit umsetzt. Die regulierte luft ist frisch, entstaubt, im sommer angenehm kühl, im winter gleichschwebend warm.“

Ein großes, modern ausgestattetes und rationell angelegtes Kesselhaus wurde an der Nordseite des alten Baus errichtet. Das Lastauto entleerte die Kohlen durch zwei riesige Ladeluken direkt in den tiefen Kohlenraum. Ein Greifbagger transportierte die Kohlen zu den nebenan im Kesselraum stehenden vier Kessel und

Der Verkaufsraum

füllte das Heizmaterial in den großen Kessel. Selbst in einem profanen Kesselhaus legte Guido Schmitz Wert auf die ästhetische Ausstrahlung von Raum und Maschine. Das Kesselhaus hatte „mit seinem fließen- und kachelbelag die bestechende sauberkeit einer frisch geputzten küche und [war] mit seinen röhrensystemen, treppen und podesten differenziert und vielgliedrig wie ein laboratorium.“ Auch der Altbau erfuhr beträchtliche Umbauten. Das Erdgeschoss erhielt den neuen Empfangsraum mit dem Vorführraum, die Telefonzentrale, das Fabrikationsbüro und das völlig neu eingerichtete, mit modernen Messgeräten bestückte Laboratorium zur Überprüfung der Qualität der Garne. Im frei geworden ersten Stock wurde ein geräumiger Speisesaal eingerichtet.

Guido Schmitz

Seidenweberei Schmitz um 1955

Nach dem schwierigen Start in der unmittelbaren Nachkriegszeit stieg die Textilindustrie zu dem Gewerbebereich mit der höchsten Beschäftigungszahl in Baden-Württemberg auf und entwickelte in den Fünfzigerjahren eine bemerkenswerte wirtschaftliche Dynamik. Die Produkte der Verbrauchsgüterindustrie waren in den Jahren des Nachholbedarfs gefragt wie selten zuvor, sodass die Textilindustrie wieder den industriellen Spitzenplatz einnahm, den sie traditionell für sich beanspruchte. Bereits Mitte der Fünfzigerjahre sah sich die Textilindustrie einem verstärkten Konkurrenzdruck im In- und Ausland ausgesetzt, vor allem die überalterten Maschinenausrüstungen konnten der ausländischen Konkurrenz wenig entgegensetzen. Auf die zeitweiligen Turbulenzen auf dem ägyptischen Baumwollmarkt, den Preisverfall und der wachsenden Nachfrage nach synthetischen

Näherei

Geweben vermochte die kapitalarme Textilindustrie weder flexibel noch innovativ zu reagieren.[206]

Noch zu Beginn der Fünfzigerjahre litt die Seidenweberei Schmitz & Co. unter Schwierigkeiten, die Guido Schmitz in einem Brief an die Kinder Andrea und Gert schilderte: „Bei der immer noch sinkenden Preistendenz, aber auch aus anderen Gründen, kauft niemand im Voraus, immer erst im letzten Augenblick. Glücklicherweise sind in letzter Zeit zwei Stapelartikel etwas knapp auf dem Markt geworden, weil die Preise zu sehr herabgewirtschaftet waren. Diese Situation haben wir ausgenützt und mit fast unmöglich kurzen Lieferfristen Aufträge hereingenommen ... Wir hatten auch mit Garnlieferungen Unglück. Nachdem fast 40 000 mtr. Ketten auf den Webstühlen lagen, berichtete uns die Kunstseidenfab-

▸ Jacquard-Webstuhl

rik, dass das Garn nicht einwandfrei sei und fehlerhafte Gewebe ergebe. Die betreffenden Aufträge sind Fix-Aufträge, das heißt sie müssen auf Tag und Stunde exakt abgeliefert werden. Es sind Saisonaufträge, zu spät erteilt, aber wir haben sie übernommen und müssen liefern, wenn wir nicht eine Kette von Schadenersatzansprüchen gewärtigen wollen. Also haben wir neues Garn beschafft, die Ketten neu gezettelt, und holen die verlorene Zeit durch eine dritte Schicht ein." Guido Schmitz konnte sich auf seine Weberinnen verlassen. Mit „Freude und Opfermut" arbeiteten sie von 10 Uhr nachts bis morgens 6 Uhr. Sohn Gert blieb bis 1.30 Uhr, er für den Rest der Schicht im Betrieb. „Dabei erlebte ich die Freude, dass unsere Anwesenheit nicht als Kontrolle und Misstrauen empfunden wurde, sondern so, wie es von uns gemeint war. Eine Vorarbeiterin sagte zu mir: ‚Das rechnen

wir Ihnen hoch an, dass Sie auch anwesend sind, wenn wir nachts arbeiten müssen.'" Der Brief vermittelt uns in der Tat ein anschauliches Beispiel für das Betriebsklima, das auch von der Einsatzbereitschaft der Arbeiter und Arbeiterinnen mit gestaltet wurde: „Alle setzen sich mit einem Eifer ein, der ansteckend, weiterzündend ist ...Schon läuft alles, und einer überbietet den anderen. Herr Streyle kommt am Sonntag, um ungestört seine Stuhlbelegungen und Umbelegungen austüfteln zu können. Und Herr Epple und Herr Weber holten das Garn in Elberfeld, morgens 5 Uhr im Betrieb, 5 Uhr 30 Abfahrt, Rückkehr nach 2 Uhr 45. Fast 1200 km mit nur einer Stunde Aufenthalt durchfahren! Und diese Fahrt wiederholen sie in den nächsten Tagen noch dreimal!"[207]

In ihren letzten beiden Jahrzehnten besaß die Seidenweberei, um konjunkturunabhängig zu sein, eine differenzierte Produktpalette: Stapelartikel (Rohgewebe und Dekorationsstoffe), die auf Webautomaten hergestellt und kilometerweise an Druckereien geliefert wurden; gefärbte und veredelte, einfarbige Kleiderstoffe, Jacquardkleiderstoffe für die modische Konfektion, technische Gewebe für die Industrie, zum Beispiel Filterstoffe, und Konfektion: Blusen, Krawatten, Shawls und modische Ziertücher.[208] Mit der Herstellung von Organza aus Naturseide, einem sehr leichten und transparenten Gewebe, das sich für modische Artikel besonders eignete, nahm die Schmitz & Co. eine fast monopolartige Stellung in der Bundesrepublik Deutschland ein.[209]

Die bemerkenswerteste soziale Einrichtung der Seidenweberei Schmitz stellte die Betriebskrankenkasse dar. Am 10. November 1950 teilte Guido Schmitz dem Landratsamt Biberach seine Absicht mit, eine Betriebskrankenkasse einzurichten, da die erforderliche Zahl von 300 versicherungspflichtigen Werksangehörigen erreicht war.[210] Die Allgemeine Ortskrankenkasse (AOK) Biberach äußerte Bedenken gegen die Gründung mit durchaus stichhaltigen Argumenten. So seien von den 308 Beschäftigen 118 noch nicht volljährig und daher nicht abstimmungsberechtigt. Außerdem beabsichtige das Bundesarbeitsministerium, die konjunktur- und saisonbedingten Schwankungen berücksichtigend, die Zahl der Versicherungspflichtigen auf 600 zu erhöhen, wodurch damit zu rechnen sei, dass Neuanträge unter 600 vorläufig zurückgestellt würden. Besonders ärgerte es die AOK, dass die Gründung einer Betriebskrankenkasse nicht auf die Unzufriedenheit mit der AOK und ihren Leistungen zurückzuführen sei, wie einige „Gefolgschaftsmitglieder" (man beachte den NS-Wortgebrauch noch im Jahre 1950) aussagten, sondern es müssten Motive und Beeinflussungen Dritter oder Bestrebungen Einzelner eine Rolle spielen.[211]

Ehrung von Pensionären

Guido Schmitz, der Mann der Tat, der sich selten von einem gefassten Plan abbringen ließ, ließ sich nicht beirren. Immerhin besaß er die volle Unterstützung von Bürgermeister Leger, der in einem Schreiben an das Landratsamt, ohne die Gründe zu kennen, die Gründung einer Betriebskrankenkasse befürwortete, denn: „Wenn die Errichtung einer Krankenkasse zum Vorteil der Betriebsangehörigen ist, was bei der sozialen Grundeinstellung der Firma angenommen werden kann, so sind von hier aus Bedenken nicht zu erheben. Lohnzahlung und die sonstigen Maßnahmen der Firma sind beachtlich." Auch Landrat Heckmann stimmte der Gründung der Betriebskrankenkasse zu, deren Leistungsfähigkeit er dauerhaft sichergestellt sah.[212] Am 28. November 1950 fand die Abstimmung über die Gründung der Betriebskrankenkasse statt, die ein überzeugendes Ergebnis hervorbrachte. Von den 182 abstimmungsberechtigten Betriebsangehörigen nahmen 170 teil, von denen 163 mit Ja votierten. Das württembergisch-hohenzollerische Oberversicherungsamt in Tübingen genehmigte die Betriebskrankenkasse zum 1. Februar 1951. Dem Ausschuss gehörten Guido Schmitz als Vorsitzender sowie auf Vorschlag des Betriebsrates Emma Dukkeck, Emilie Reck, Emil Gadinger und Kurt Krüger an.[213]

Alle lohnabhängig beschäftigten Arbeitnehmer waren Pflichtmitglieder der Betriebskrankenkasse. Die Kasse gewährte bei Krankheit eine Krankenpflege vom Beginn der Krankheit an ohne zeitliche Begrenzung, ärztliche Behandlung und medizinische Versorgung. An Krankengeld wurde die Hälfte des Grundlohns ab dem vierten Tag der Arbeitsunfähigkeit bis zu sechs Wochen, von der siebten Woche an 60 Prozent des Grundlohns ausbezahlt. Bei Krankenpflege erhielt der Versicherte außer dem Krankengeld noch

▲ und ▶ Betriebsfest im Garten der Seidenweberei

einen Zuschlag von 33,5 Prozent des Grundlohns, sofern er ganz oder überwiegend Angehörige unterhielt. Frauen erhielten während der Schwangerschaft und nach der Niederkunft für zehn Wochen ein Wochengeld von 75 Prozent des Grundlohns und zusätzlich ein Stillgeld für die Dauer von zwölf Wochen. Darüber hinaus gewährte die Kasse Sterbe- und Familiensterbegeld sowie Familien- und Familienwochenhilfe.[214] Der Versicherungsbeitrag betrug anfangs 6,8 Prozent (ermäßigt 5,4 Prozent) des Grundlohns und wuchs sukzessive auf 9,5 Prozent im Jahre 1961.[215]

Die Betriebskrankenkasse befand sich 1957 in einer finanziellen Krise, nachdem ungewöhnlich viele Krankheitsfälle einen Verlust von über 17 000 DM verursacht hatten. Das Vermögen der Kasse war bis zum 31. Oktober des Jahres völlig aufgebraucht. Ein Darlehen von 5000 DM sowie eine Beitragserhöhung von 0,4 Prozentpunkten rettete die Kasse vor dem Konkurs. In den folgenden Jahren stabilisierte sich die Vermögenslage. Im September 1961 verfügte die Kasse über ein Vermögen von 9444,19 DM, sodass der Rest des Darlehens (2000 DM) im Januar 1962 vollständig zurückgezahlt werden konnte. Schließlich betrug das Vermögen im Herbst 1967 rund 37 000 DM, wodurch endlich die finanzielle Entwicklung keinen Anlass zur Sorge mehr gab.[216]

Die allgemeine Entwicklung in der Textilindustrie spiegelt sich in den Beschäftigtenzahlen der Seidenweberei wider. 1953 beschäftigte sie 252 Personen. Drei Jahre später erreichte der Beschäftigtenstand mit 326 Arbeitern, Arbeiterinnen und Angestellten seinen Höhepunkt, sank aber in den folgenden Jahren stetig und teilweise mit großen Sprüngen (1958: 310, 1960: 269 Beschäftigte) auf 193 Beschäftigte im Jahre 1964. Im folgenden Jahr

stellte die Seidenweberei nochmals rund 30 neue Arbeitskräfte ein, doch 1968 zählte sie nur noch 189 Beschäftigte.[217] Die Seidenweberei reagierte auf die Krise von 1957/58 mit dem schmerzhaften Entschluss, die Jacquard-Weberei aufzugeben. Das in Jahrzehnten angeeignete Wissen und erarbeitete Können wurde mit einem Schlage nutzlos.[218]

Die Seidenweberei suchte Wege aus der Krise. Auf die Initiative von Werner Schmitz wurde zu Beginn der Sechzigerjahre die cellofaom GmbH gegründet, ein Gemeinschaftsunternehmen, bei dem Guido Schmitz und die in Dover ansässige cellofoam je 49 Prozent sowie Werner Schmitz zwei Prozent Anteile besaßen. Ziel war es, mit einem neuen Produkt vorbeugend ein neues Geschäftsfeld aufzubauen und die kriselnde Schmitz & Co. durch das neue Verfahren zur Gewebeherstellung zu stabilisieren. Die technische Innovation bestand darin, dass das Gewebe mit Polycerethanschaum, einem offenporigen, Kälte dämmenden Schaum, besprüht wurde. Dieses Gewebe eignet sich hervorragend für Sport- und Winterkleidung. Die Entwicklung der cellofoam verlief gut, da sie in der Bundesrepublik Deutschland eine Monopolstellung einnahm.[219] Ein Verlagssystem wurde aufgebaut. Webereien, beispielsweise die Weberei Ferdinand Mayer in Zürich oder

Guido und Elsbeth Schmitz

Arlen in Rielasingen bei Singen, erhielten alte Webstühle aus Biberach, auf denen dann für Schmitz & Co. gewebt wurde.[220] 1968 kooperierte die Schmitz & Co. mit dem Textilunternehmen Schiel AG in Wien, bei dem Werner Schmitz Vorstandsmitglied wurde. Beide Firmen versprachen sich einen leichteren Eintritt in den jeweilig anderen Wirtschaftsraum: die Seidenweberei in die Europäische Freihandelsassoziation (EFTA) bzw. die Schiel AG in die Europäische Wirtschaftsgemeinschaft (EWG). Während das österreichische Unternehmen beachtliche Umsätze erzielte, verlief das Geschäft für Schmitz & Co. weniger erfolgreich.[221]

Die Seidenweberei Schmitz überstand die krisenhafte Entwicklung der Textilindustrie nicht. Unmittelbarer Anlass für den Konkurs war die Überschuldung der Seidenweberei, zum einen wegen des gesättigten Marktes, zum anderen weil die Seidenweberei immer billiger als die Konkurrenz produzierte.[222] Guido Schmitz, der seinen wirtschaftsethischen Vorstellungen rigoros folgte, weigerte sich beharrlich, den Betrieb durch Gesundschrumpfen zu retten, wie es ihm sein Mitgesellschafter und Freund Albert Meier dringend ans Herz legte. Für Schmitz kamen Entlassungen nicht in Frage, eisern hielt er an seinen Prinzipien fest und trug so, unschuldig schuldig werdend und das Gegenteil erreichend, zum Untergang seines Unternehmens bei, der die Arbeiterinnen, Arbeiter und Angestellten in die Arbeitslosigkeit warf. Als die Seidenweberei wegen des verregneten Sommers 1969 auf ihrer Produktion sitzen blieb und sie verschärft dem Druck der billigen Seidenimporte aus Fernost ausgesetzt war, spitzte sich die Krise zu. Albert Meier, Mitkommanditist und Vorstandsmitglied der Treuhand-Vereinigung in Frankfurt am Main, welche die Jahresbilanzen der Seidenweberei prüfte, die Geschäftspolitik Guido Schmitz' nicht mehr mitverantworten konnte und im Frühjahr 1970 seinen Kommanditistenanteil ausbezahlt haben wollte, ergaben sich erhebliche Schwierigkeiten, sodass Guido Schmitz Konkurs anmelden musste, der am 11. Juni 1970 eröffnet wurde.[223] An diesem Tag beschäftigte die Seidenweberei noch 185 Personen, zwei Wochen später waren es noch 120, die fast alle bis Oktober entlassen wurden.[224] Am 31. Dezember 1970 wurde die Produktion endgültig stillgelegt, und vier Wochen später kamen rund 120 Webmaschinen sowie Spulmaschinen, das Zubehör der Weberei und die Einrichtung der Schlosserei und viele andere Einrichtungsgegenstände, von der Büroeinrichtung bis hin zu Töpfen, Tischen, Stühlen und Tiefkühltruhe unter den Hammer.[225] Im März 1989 endete die Geschichte der Seidenweberei Schmitz unwiderruflich. Die Gebäude wurden abgerissen, und an ihrer Stelle steht heute eine Wohnanlage an der Alleenstraße.

Guido Schmitz verkraftete das Ende seines Unternehmens entgegen allen Befürchtungen erstaunlich gut, obwohl er als persönlich haftender Gesellschafter, wie seine Söhne, alles verlor. Das Haus, dessen Verlust ihn furchtbar traf, Vermögen, Besitz, Lebensversicherung und Alterssicherung, alles wurde der Konkursmasse zugeschlagen. Er fand Halt und Zuversicht in seinen Büchern. Seinen Lebensabend verbrachte er im Altersheim. Bis ins hohe Alter versuchte Guido Schmitz, kein Sozialfall zu werden und den Unterhalt für sich und seine Frau, die er bis zu ihrem Tode 1973 liebevoll pflegte, als Pförtner zu verdienen, eine Aufgabe, die er gern erfüllte und die ihn über manches hinweg half.[226] Am 23. Juni 1979, wenige Tage nach seinem Geburtstag, starb Guido Schmitz im Alter von 85 Jahren.

Endnoten

1 AvO, Nr. 44 v. 23.2.1899.
2 Vgl. Uwe Schmidt, Die Südbahn. Eisenbahn und Industrialisierung in Ulm und Oberschwaben, Ulm 2004, S. 97 f., 100, 104 und 106; Detlef Stender (Hrsg.), Industriekultur am Bodensee, Ein Führer zu Bauten des 19. und 20. Jahrhunderts, Konstanz 1992, S.178.
3 Schreiben des Stadtarchivs Zürich an den Verfasser v. 6.8.2007.
4 Vgl. Hans-Peter Bärtschi, Industriekultur im Kanton Zürich, Zürich 1994, S. 138 f.; s. auch Sechshundert Jahre Zürcher Seide, Begleitband zur Ausstellung zur 600-Jahr-Feier des Eintritts von Zürich in den Bund der Eidgenossen, Zürich 1951, S. 43 ff.
5 SHAB 1886, S. 159, 1896, S. 625.
6 Gespräch des Verfassers mit Werner Schmitz, Kronberg/Taunus, am 6.12.2007.
7 Schreiben des Stadtarchivs Zürich an den Verfasser v. 6.8.2007.
8 SHAB 1897, S. 22, 1899, S. 41.
9 SHAB 1903, S. 601, 1906, S. 665 und 1697, 1912, S. 1174.
10 Vgl. Carl Kleindienst, Birkendorf. Beitrag zu einer Genealogie seiner Anwesen, o. O. 1956 (masch.), S. 37 ff.
11 StA BC, E [2538], Visitationsprotokoll v. 21.12.1845, Auszug aus dem Wasserrechtsbuch, T 6 v. 22.8.1902.
12 StA BC, M 21 Schmitz, Kaufvertrag v. 10.11.1898, GPr v. 20.12. 1898, Nr. 597.
13 AvO, Nr. 44 v. 23.2.1899.
14 StA BC, E [2538], Genehmigungsurkunde v. 17.7.1899, Auszug aus dem Wasserrechtsbuch, T 6 v. 22.8.1902; StA SIG, Wü 65/5, T 3, Oberamt Biberach, Bü 603, Schreiben von Wilhelm Schmitz an das Oberamt Biberach v. 10.12.1898.
15 Vgl. Dieter Buttschardt, Guido Schmitz – ein Kultur schaffender Biberacher Unternehmer, in: Heimatkundliche Blätter für den Kreis Biberach 3 (1980), S. 23.
16 AvO, Nr. 44 v. 23.2.1899.
17 AvO, Nr. 50 v. 2.3.1899; s. auch Buttschardt (wie Anm. 15), S. 23 f.
18 StA BC, GPr v. 6.7.1900, Nr. 304; vgl. Buttschardt (wie Anm. 15), S. 23.
19 StA BC, GPr v. 7.9.1906, Nr. 656; PA Andrea Schmitz, Bericht o. D.; vgl. Buttschardt (wie Anm. 15), S. 24.
20 StA BC, GPr v. 29.5. 1903, Nr, 290, und 19.6.1903, Nr. 355; StA SIG, Wü 65/5, T 3, Oberamt Biberach, Bü 603, Bericht des Ingenieurs Eitle v. 17.4.1903, Schreiben der Regierung für den Donaukreis an das Oberamt Biberach v. 6.5., 14.8. und 9.12.1903, Bericht v. 14.4.1903, Schreiben des Dampfkesselrevisionsvereins v. 22.5.1903, Genehmigungsurkunde v. 9.6.1903.
21 StA BC, GPr v. 23.9.1902, Nr. 580.
22 PA Schmitz, Schreiben von Annemarie Toyka, o. D.
23 PA Schmitz, Schreiben von Annemarie Toyka, o. D.; vgl. Buttschardt (wie Anm. 15), S. 24.
24 Vgl. Buttschardt (wie Anm. 15), S. 24.
25 StA LB, E 170, Bü 1424, Schreiben des Vereins deutscher Seidenwebereien an den Reichskanzler v. 28.7.1915, Bekanntmachung betreffend Beschlagnahme und Bestandserhebung von Seidengarnen v. 26.9.1917.

26 StA BC, GPr v. 24.8.1917, Nr. 265.
27 Gespräch des Verfassers mit Andrea Schmitz, München, am 8.11.2007.
28 Auszug aus dem Protokoll des Regierungsrates 1911, [Zürivh 1912], S. 540; vgl. Buttschardt (wie Anm. 15), S. 24.
29 Gespräch des Verfassers mit Werner Schmitz, Kronberg/Taunus, am 6.12.2007.
30 Vgl. Buttschardt (wie Anm. 15), S. 24.
31 Gespräch des Verfassers mit Andrea Schmitz, München, am 8.11.2007.
32 Gespräch des Verfassers mit Andrea Schmitz, München, am 8.11.2007.
33 PA Schmitz, Schreiben von Guido Schmitz an Otto Stockhausen, Frankfurt a. M., v. 21.7.1945 passim, S. 6 f.
34 Gespräch des Verfassers mit Andrea Schmitz, München, am 8.11.2007.
35 Gespräch des Verfassers mit Werner Schmitz, Kronberg/Taunus, am 6.12.2007.
36 Gespräch des Verfassers mit Andrea Schmitz, München, am 8.11.2007.
37 AvO, Nr. 337 v. 17.12.1917, s. auch Nrn. 311 und 324 v. 19.11. und 2.12.1916 sowie 131, 218 und 342 v. 17.5., 17.8. und 22.12.1917.
38 PA Schmitz, Brief von Guido Schmitz an Otto Stockhausen, Frankfurt a. M., v. 14.5.1940.
39 Gespräch des Verfassers mit Andrea Schmitz, München, am 8.11.2007.
40 Vgl. Buttschardt (wie Anm. 15), S. 24.
41 Gespräch des Verfassers mit Andrea Schmitz, München, am 8.11.2007.
42 Gespräch des Verfassers mit Gerhard Ruhenstroth, Unteressendorf, am 10.12.2007.
43 PA Schmitz, Schreiben von Guido Schmitz an Otto Stockhausen, Frankfurt a. M., v. 21.7.1945 passim, S. 2 f.
44 Vgl. Buttschardt (wie Anm. 15), S. 24.
45 Vgl. 60 Jahre demokratische Volksbildung. 25 Jahre Volkshochschule in der Oberen Schranne, hrsg. von der Volkshochschule Biberach mit den Städtischen Archiven (Biberacher kleine historische Reihe, Bd. 1), Biberach 2006, S. 3.
46 StA BC, GPr v. 19.10.1923, Nr. 865.
47 StA BC, E [3218], Schreiben von Guido Schmitz an Stadtschultheiß Hammer v. 20.6.1925.
48 KA BC, LRA, UVB, Bü 1669, Schreiben des Landrats Heckmann, Biberach, an das Oberversicherungsamt Württemberg- Hohenzollern v. 7.12.1950.
49 PA Andrea Schmitz, Notizen aus dem Jahre 1916/17, Protokoll v. 14.4.1917.
50 PA Andrea Schmitz, Brief von Guido Schmitz an Andrea Schmitz v. 14.3.1950.
51 MU BC, Bestand Schmitz.
52 Gespräch des Verfassers mit Andrea Schmitz, München, am 8.11.2007.
53 50 Jahre Wm. Schmitz & Co Seidenweberei Biberach Riss, [Biberach 1949], o. P.
54 Unsere neuen Bauten, [Biberach] o. J., o. P.
55 Ebd., o. P.
56 Ebd., o. P.
57 Ebd., o. P.
58 StA BC, GPr v. 4.11.1919, Nr. 771.
59 MU BC, Bestand Schmitz, Schreiben der Firma Wm. Schmitz v. 1.7.1921.
60 SHAB 1922, S. 2373.
61 StA BC, GPr v. 20.10.1925, Nr. 600, und 5.11.1926, Nr. 532.
62 PA Ruhenstroth, Brief, o. D.
63 StA BC, GPr v. 15.5.1928, Nr. 201; AvO, Nr. 157 v. 2.7.1930.
64 StA BC, GPr v. 6.3.1931, Nr. 110, 20.3.1931, und Nr. 121, 8.5.1931, Nr. 237.
65 StA BC, GPr v. 20.3.1931, Nr. 121, und v. 8.5.1931, Nr. 237.
66 StA BC, GPr v. 8.5.1932, Nr. 237; vgl. auch Hans-Otto Binder, Biberach in der Zeit der Weimarer Republik und der nationalsozialistischen Diktatur, in: Dieter Stievernann (Hrsg.), Geschichte der Stadt Biberach, Stuttgart 1991, S. 572.
67 StA BC, GPr v. 8.5.1932, Nr. 237; PA Schmitz, Bericht von Annemarie Toyka, o. D.; Gespräch des Verfassers mit Werner Schmitz, Kronberg/Taunus, am 6.12.2007; vgl. auch Buttschardt (wie Anm. 15), S. 26.
68 StA BC, GPr v. 20.4.1923, Nr. 302.
69 Vgl. Christian Böttger, Um ein soziales Bodenrecht. Adolf Damaschke (1865-1935), www.luise-berlin.de/bms/bmstxt97/9707porc.htm
70 Zit. nach Binder (wie Anm. 66), S. 557.

71 AvO, Nr. 69 v. 13.3 1921.
72 AvO, Nr. 150 v. 20.6 1924; s. auch Siedlungsverein Biberach, Biberach [1925], S. 21.
73 StA BC, GPr v. 8.5.1923, Nr. 366.
74 StA BC, G 41, Bü 70, Schreiben Schmitz' an das Stadtschultheißenamt v. 29.4.1920.
75 StA BC, GPr v. 8.5.1923, Nr. 367; vgl. Siedlungsverein (wie Anm. 72), S. 7.
76 StA BC, GPr v. 20.1.1925, Nr. 2; vgl. Siedlungsverein (wie Anm. 72), S. 7.
77 StA BC, GPr v. 20.4.1923, Nr. 302; AvO, Nr. 96 v. 26.4.1923; Siedlungsverein (wie Anm. 72), S. 7.
78 Vgl. Siedlungsverein (wie Anm. 72), S. 7.
79 Ebd., S. 9.
80 Vgl. ebd., S. 7 f.
81 Ebd., S. 12.
82 Ebd., S. 15.
83 Ebd., S. 17.
84 Ebd., S. 18.
85 Ebd.
86 Ebd., S. 19.
87 Ebd.
88 Ebd., S. 20.
89 StA BC, GPr v. 20.4.1923, Nr. 302; AvO, Nr. 96 v. 20.4.1923.
90 StA BC, GPr v. 8.5.1923, Nr. 366.
91 StA BC, GPr v. 8.5.1923, Nr. 366, und 21.9.1923, Nr. 806; zu Krediten s. GPr v. 29.5,1923, Nr. 399, und 22.6.1923, Nr. 514.
92 StA BC, GPr v. 10.7.1923, Nr. 562, und 12.10.1923, Nr. 849.
93 StA BC, GPr v. 22.7.1924, Nr. 494, und 1.8.1924, Nr. 508.
94 StA BC, GPr v. 25.5.1923, Nr. 371, und v. 29.5.1923, Nr. 399.
95 StA BC, GPr v. 8.5.1923.
96 Vgl. Siedlungsverein (wie Anm. 72), S. 7.
97 StA BC, GPr v. 22.6.1923, Nr. 514, und 10.7.1923, Nr. 562.
98 StA BC, GPr v. 19.10.1923, Nr. 863, 28.3.1924, Nr. 183, und 28.12.1923, Nr. 1044.
99 Gespräch des Verfassers mit Andrea Schmitz, München, am 8.11.2007.
100 StA BC, GPr v. 20.1.1925, Nr. 18, 13.3.1925, Nr. 100, und 21.5.1926, Nr. 192; AvO, Nr. 116 v. 22.5.1926; vgl. Siedlungsverein (wie Anm. 72), S. 7 f.
101 Vgl. Siedlungsverein (wie Anm. 72), S. 9 f.
102 StA BC, GPr v. 13.3.1925, Nr. 100; s. auch GPr v. 27.2.1925, Nr. 75.
103 StA BC, GPr v. 20.10.1925, Nr. 600.
104 StA BC, GPr v. 1.10.1926, Nr. 466, und 5.11.1926, Nr. 532; AvO, Nr. 228 v. 4.10.1926.
105 AvO, Nr. 240 v. 18.10.1926.
106 StA BC, GPr v. 1.10.1926, Nr. 466.
107 AvO, Nr. 250 v. 29.10.1926.
108 StA BC, GPr v. 5.11.1926, Nr. 532.
109 StA BC, GPr v. 4.2.1927, Nr. 39.
110 StA BC, GPr v. 4.2.1927, Nr. 39, 15.3.1927, Nr. 121, und 19.10.1928, Nr. 592.
111 StA BC, GPr v. 19.10.1923, Nr. 803, 10.7.1925, Nr. 237, und 23.6.1931, Nr. 320.
112 Vgl. Binder (wie Anm. 66), S. 565.
113 Vgl. ders., S. 569.
114 Vgl. Christian Rak, Machtergreifung 1933. Gleichschaltungen, Entlassungen, Inhaftierungen, in: Frank Brunecker (Hrsg.), Nationalsozialismus in Biberach, Biberach 2006, S. 31 f.
115 Vgl. Faschismus, hrsg. von der Neuen Gesellschaft für Bildende Kunst und dem Kunstamt Kreuzberg, Berlin, Berlin/Hamburg 1976, S. 22 f.
116 StA BC, GPr v. 7.12.1933, Nr. 555.
117 Gespräch des Verfassers mit Andrea Schmitz, München, am 8.11.2007.
118 MU BC, Bestand Schmitz, Unsere Werksbücherei, Folge 1, Dezember 1940.
119 BOZ, Nr. 101 v. 4.5.1943.
120 Gespräch des Verfassers mit Andrea Schmitz, München, am 8.11.2007.
121 Vgl. Buttschardt (wie Anm. 15), S. 26.
122 Gespräch des Verfassers mit Andrea Schmitz, München, am 8.11.2007.
123 MU BC, Bestand Schmitz, Postkarte v. 23.11.1938; Gespräch des Verfassers mit Andrea Schmitz, München, am 8.11.2007.
124 Vgl. Buttschardt (wie Anm. 15), S. 26.
125 Deutscher Reichsanzeiger v. 29.9.1934.
126 PA Ruhenstroth, Bericht, o. D.; Gespräch des Verfassers mit Werner Schmitz, Kronberg/Taunus, am 6.12.2007.
127 KA BC, LRA UVB, Bü 1724, Schreiben von Guido Schmitz an den Landrat v. 4.9.1945; PA Ruhenstroth, Bericht, o. D.; Schreiben von Gerhard Ruhenstroth, Unteressendorf, an

den Verfasser v. 7.12.2007; vgl. Buttschardt (wie Anm. 15), S. 26.

128 Gespräch des Verfassers mit Werner Schmitz, Kronberg/Taunus, am 6.12.2007.

129 PA Schmitz, Schreiben von Guido Schmitz an Otto Stockhausen, Frankfurt a. M., v. 21.7.1945, S. 12.

130 PA Schmitz, Schreiben von Guido Schmitz an Otto Stockhausen, Frankfurt a. M., v. 21.7.1945, S. 3.

131 PA Schmitz, Feldpostbrief v. 12.2.1944.

132 Gespräch des Verfassers mit Andrea Schmitz, München, am 8.11.2007.

133 PA Schmitz, Feldpostbrief v. 12.2.1944.

134 PA Schmitz, Feldpostbrief v. 12.2.1944.

135 MU BC, Bestand Schmitz, Feldpostbrief v. 15.5.1943.

136 Vgl. Christian Rak, 1945 – Stunde Null. Bombenkrieg, Besetzung, Abrechnung, in: Frank Brunecker (Hrsg.), Nationalsozialismus in Biberach, Biberach 2006, S. 232.

137 PA Schmitz, Schreiben von Guido Schmitz an Otto Stockhausen, Frankfurt a. M., v. 21.7.1945 passim, S. 1.

138 Gespräch des Verfassers mit Andrea Schmitz, München, am 8.11.2007.

139 PA Schmitz, Schreiben von Guido Schmitz an Otto Stockhausen, Frankfurt a. M., v. 21.7.1945 passim, S. 9.

140 Vgl. Rak (wie Anm. 136), S. 238.

141 PA Schmitz, Schreiben von Guido Schmitz an Otto Stockhausen, Frankfurt a. M., v. 21.7.1945 passim, S. 4 f.

142 Zit. nach Rak (wie Anm. 136), S. 239.

143 PA Schmitz, Schreiben von Guido Schmitz an Otto Stockhausen, Frankfurt a. M., v. 21.7.1945 passim, S. 1.

144 PA Schmitz, Schreiben von Guido Schmitz an Otto Stockhausen, Frankfurt a. M., v. 21.7.1945 passim, S. 2.

145 Vgl. Rak (wie Anm. 136), S. 244 f.

146 PA Schmitz, Schreiben von Guido Schmitz an Otto Stockhausen, Frankfurt a. M., v. 21.7.1945 passim, S. 2 f.

147 PA Schmitz, Schreiben von Guido Schmitz an Otto Stockhausen, Frankfurt a. M., v. 21.7.1945 passim, S. 3.

148 Gespräch des Verfassers mit Andrea Schmitz, München, am 8.11.2007.

149 PA Schmitz, Schreiben von Guido Schmitz an Otto Stockhausen, Frankfurt a. M., v. 21.7.1945 passim, S. 2 und 3.

150 PA Schmitz, Schreiben von Guido Schmitz an Otto Stockhausen, Frankfurt a. M., v. 21.7.1945 passim, S. 5.

151 PA Schmitz, Schreiben von Guido Schmitz an Otto Stockhausen, Frankfurt a. M., v. 21.7.1945 passim, S. 6.

152 PA Schmitz, Schreiben von Guido Schmitz an Otto Stockhausen, Frankfurt a. M., v. 21.7.1945 passim, S. 7.

153 PA Schmitz, Schreiben von Guido Schmitz an Otto Stockhausen, Frankfurt a. M., v. 21.7.1945 passim, S. 8.

154 PA Schmitz, Schreiben von Guido Schmitz an Otto Stockhausen, Frankfurt a. M., v. 21.7.1945 passim, S. 10.

155 PA Schmitz, Schreiben von Guido Schmitz an Otto Stockhausen, Frankfurt a. M., v. 21.7.1945 passim, S. 10 f.

156 PA Schmitz, Schreiben von Guido Schmitz an Otto Stockhausen, Frankfurt a. M., v. 21.7.1945 passim, S. 11.

157 PA Schmitz, Schreiben von Guido Schmitz an Otto Stockhausen, Frankfurt a. M., v. 21.7.1945, S. 10 f.

158 PA Schmitz, Schreiben von Guido Schmitz an Otto Stockhausen, Frankfurt a. M., v. 21.7.1945, S. 11.

159 PA Schmitz, Schreiben von Guido Schmitz an Otto Stockhausen, Frankfurt a. M., v. 21.7.1945, S. 8.

160 PA Schmitz, Schreiben von Guido Schmitz an Otto Stockhausen, Frankfurt a. M., v. 21.7.1945, S. 12.

161 PA Schmitz, Schreiben von Guido Schmitz an Otto Stockhausen, Frankfurt a. M., v. 21.7.1945, S. 12.

162 PA Schmitz, Schreiben von Guido Schmitz an Otto Stockhausen, Frankfurt a. M., v. 21.7.1945, S. 13.

163 Schreiben von Gerhard Ruhenstroth, Unteressendorf, an den Verfasser v. 7.12.2007.

164 Gespräch des Verfassers mit Andrea Schmitz, München, am 8.11.2007.
165 KA BC, LRA UVB, Bü 1724, Schreiben von Guido Schmitz an das Landratsamt Biberach v. 22.8.1945; Schreiben des Landrats Erler an Guido Schmitz v. 23.8.1945.
166 Vgl. Thomas Hellmann/Hans-Peter Biege, Demokratischer Neuanfang – Dokumentation, in: 60 Jahre demokratische Volksbildung in Biberach. 25 Jahre Volkshochschule in der Oberen Schranne, hrsg. von der Volkshochschule Biberach mit den städtischen Archiven (Biberacher kleine historische Reihe, Bd. 1), Biberach 2006, S.13.
167 KA BC, LRA UVB, Bü 1724, Schreiben von Guido Schmitz an den Landrat v. 4. und 8.9.1945, Schreiben des Landrats an Guido Schmitz v. 21.9.1945, Schreiben des Landrats an Guido Schmitz v. 8.10.1945.
168 KA BC, LRA UVB, Bü 1724, Schreiben von Guido Schmitz an den Landrat v. 4.9.1945.
169 Vgl. Hans-Otto Binder, Biberach von 1945 bis zur Mitte der sechziger Jahre, in: Dieter Stievernann (Hrsg.), Geschichte der Stadt Biberach, Stuttgart 1991, S. 605; Rak (wie Anm. 136), S. 244.
170 KA BC, LRA UVB, Bü 1724, Aktennotiz zu der gestrigen Besprechung mit dem Beauftragten des Roten Kreuzes v. 29.9.1945.
171 KA BC, LRA UVB, Bü 1724, Schreiben des Roten Kreuzes Biberach an das Landratsamt Biberach v. 4.10.1945.
172 KA BC, LRA UVB, Bü 1724, Schreiben von Guido Schmitz an den Landrat v. 16.11.1945.
173 KA BC, LRA UVB, Bü 1724, Aktennotiz zu der gestrigen Besprechung mit dem Beauftragten des Roten Kreuzes v. 29.9.1945, Schreiben des Roten Kreuzes Biberach an das Landratsamt Biberach v. 4.10.1945.
174 KA BC, LRA UVB, Bü 1724, Aktennotiz zu der gestrigen Besprechung mit dem Beauftragten des Roten Kreuzes v. 29.9.1945.
175 KA BC, LRA UVB, Bü 1724, Schreiben von Guido Schmitz an den Landrat v. 4.9.1945.
176 KA BC, LRA UVB, Bü 1724, Aktennotiz zu der gestrigen Besprechung mit dem Beauftragten des Roten Kreuzes v. 29.9.1945.
177 KA BC, LRA UVB, Bü 1724, Aktennotiz zu der gestrigen Besprechung mit dem Beauftragten des Roten Kreuzes v. 29.9.1945.
178 KA BC, LRA UVB, Bü 1724, Schreiben von Guido Schmitz an den Landrat v. 8.9.1945.
179 KA BC, LRA UVB, Bü 1724, Schreiben von Guido Schmitz an den Landrat v. 13.10.1945.
180 KA BC, LRA UVB, Bü 1724, Aktennotiz zu der gestrigen Besprechung mit dem Beauftragten des Roten Kreuzes v. 29.9.1945.
181 KA BC, LRA UVB, Bü 1724, Schreiben von Guido Schmitz an den Landrat v. 15.2.1946.
182 KA BC, LRA UVB, Bü 1724, Satzungen der Gesellschaft für Gesundheitspflege und Kriegsgefangenendienst, o. D.
183 StA BC, Bestand Rotes Kreuz, Manuskript zum 70jährigen Jubiläum 1977, o. D.
184 StA BC, Bestand Rotes Kreuz, Manuskript zum 70. Jubiläum des Roten Kreuzes Biberach 1957, o. D.
185 StA BC, Bestand Rotes Kreuz, Schreiben von Guido Schmitz an den Kreisvorsitzenden des Roten Kreuzes Biberach v. 15.10.1962.
186 Vgl. Buttschardt (wie Anm. 15), S. 26, Gespräche des Verfassers mit Andrea Schmitz, München, am 8.11. bzw. mit Gerhard Ruhenstroth, Unteressendorf, am 10.12.2007.
187 Gespräch des Verfassers mit Gerhard Ruhenstroth, Unteressendorf, am 10.12.2007.
188 Vgl. Sabine Kremer, Hugo Häring (18812-1958). Wohnungsbau – Theorie und Praxis, Stuttgart 1984, S. 7; Gespräch des Verfassers mit Gerhard Ruhenstroth, Unteressendorf, am 10.12.2007.
189 Vgl. Buttschardt (wie Anm. 15), S. 26.
190 Gespräch des Verfassers mit Andrea Schmitz, München, am 8.11.2007.
191 Vgl. Buttschardt (wie Anm. 15), S. 28; Gespräch des Verfassers mit Andrea Schmitz, München, am 8.11.2007.
192 Ulmer Museum, HfG-Archiv, Allgemeine Firmenkorrespondenz, Schreiben von Guido Schmitz an Inge Aicher-Scholl v. 21.4.1955.
193 Ulmer Museum, HfG-Archiv, Allgemeine Firmenkorrespondenz, Schreiben der HfG an Guido Schmitz v. 28.7.1954, Schreiben von Guido Schmitz an Inge Aicher-Scholl v.

20.12.1954, Schreiben von Guido Schmitz an Inge Aicher-Scholl v. 21.4.1955, Schreiben von Inge Aicher-Scholl an Guido Schmitz v. 25.5.1955, Schreiben von Inge Aicher-Scholl an Guido Schmitz v. 26.7.1955, Schreiben von Inge Aicher-Scholl an Guido Schmitz v. 14.9.1960; vgl. René Michael Spitz, Die politische Geschichte der Hochschule für Gestaltung Ulm (1953-1968). Ein Beispiel für Bildungs- und Kulturpolitik in der Bundesrepublik Deutschland, Diss. phil. Köln 1997 (masch.), S. 88.

194 Ulmer Museum, HfG-Archiv, Schreiben von Guido Schmitz an Paul Wiedemeier v. 1.8.1955; Schwäbische Zeitung v. 29.7.1955.

195 Ulmer Museum, HfG-Archiv, Allgemeine Firmenkorrespondenz, Schreiben von Inge Aicher-Scholl an Guido Schmitz v. 28.3.1955.

196 Vgl. Buttschardt (wie Anm. 15), S. 26.

197 Kremer (wie Anm. 188), S. 248 f.

198 Zit. nach Buttschardt (wie Anm. 15), S. 26.

199 Vgl. Kremer (wie Anm. 188), S. 220 f.

200 Vgl. dies., S. 4 f. und 7.

201 Vgl. dies., S. 244.

202 Zit. nach dies., S. 244.

203 Zit. dies., S. 246 f.

204 Zit. nach dies., S. 247.

205 Vgl., auch i. F., Unsere neuen Bauten (wie Anm. 54), o. P.

206 Vgl. Willi A. Boelcke, Wirtschaftsgeschichte Baden-Württembergs von den Römern bis heute, Stuttgart 1987, S. 504.

207 PA Schmitz, Brief von Guido Schmitz an Andrea und Gert Schmitz v. 1.6.1952.

208 Schreiben von Gerhard Ruhenstroth, Unteressendorf, an den Verfasser v. 7.12.2007.

209 Gespräch des Verfassers mit Werner Schmitz, Kronberg im Taunus, am 6.12.2007.

210 KA BC, LRA UVB, Bü 1669, Schreiben von Guido Schmitz an das Versicherungsamt Biberach v. 10.11.1950.

211 KA BC, LRA UVB, Bü 1669, Schreiben der AOK Biberach an das Versicherungsamt Biberach v. 22.11.1950.

212 KA BC, LRA UVB, Bü 1669, Schreiben von Bürgermeister Leger an das Landratsamt v. 2.12.1950., Schreiben des Landrats Heckmann, Biberach, an das Oberversicherungsamt Württemberg- Hohenzollern v. 7.12.1950.

213 KA BC, LRA UVB, Bü 1669, Schreiben des Versicherungsamts Biberach an Guido Schmitz v. 22. und 31.1.1951.

214 KA BC, LRA UVB, Bü 1669, Satzung der Betriebskrankenkasse, 1954.

215 KA BC, LRA UVB, Bü 1669, Satzung der Betriebskrankenkasse, 1954, Berichte über Prüfung der Geschäfts-, Rechnungs- und Betriebsprüfung 1956, 1960 und 1964.

216 KA BC, LRA UVB, Bü 1669, Schreiben von Guido Schmitz an das Landesaufsichtsamt für die Sozialversicherung v. 12.11.1958, unvermutete Kassenstürze v. 2.12.1958, 24.10.1961 und 21.10.1967.

217 KA BC, LRA UVB, Bü 1669, Berichte über Prüfung der Geschäfts-, Rechnungs- und Betriebsprüfung 1956, 1960, 1964 und 1969.

218 Vgl. Buttschardt (wie Anm. 15), S. 28.

219 Gespräch des Verfassers mit Werner Schmitz, Kronberg/Taunus, am 6.12.2007.

220 Gespräch des Verfassers mit Gerhard Ruhenstroth, Unteressendorf, am 102.2007.

221 Gespräch des Verfassers mit Werner Schmitz, Kronberg/Taunus, am 6.12.2007.

222 Gespräch des Verfassers mit Werner Schmitz, Kronberg/Taunus, am 6.12.2007.

223 Gespräch des Verfassers mit Andrea Schmitz, München, am 8.11.2007.

224 KA BC, LRA UVB, Bü 1669, Schreiben des Konkursverwalters Schulze an den Landesverband der Betriebskrankenkassen Baden-Württemberg in Stuttgart v. 30.6.1979; Gespräch des Verfassers mit Andrea Schmitz, München, am 8.11.2007.

225 StA BC, Gewerbesteuerakten 1970; SZ, Nr. 21 v. 27.1.1971.

226 Gespräch des Verfassers mit Andrea Schmitz, München, am 8.11.2007.

Quellen und Literatur

Ungedruckte Quellen

Kreisarchiv Biberach

Bestand LRA UVB, Bü 1669, 1724

PA Gerhard Ruhenstroth, Unteressendorf

Privatarchiv Andrea Schmitz, München

Staatsarchiv Ludwigsburg

E 170, Bü 1424

Staatsarchiv Sigmaringen

Wü 65/5, T 3, Oberamt Biberach, Bü 603

Stadtarchiv Biberach

Bestand Rotes Kreuz Biberach
E [2538], [3218]
G 41, Bü 70
Gemeinderatsprotokolle, Jgg. 1898, 1900, 1902, 1903, 1917, 1919, 1923-1928, 1931-1933
Gewerbesteuerakten 1970
M 21 Schmitz

Ulmer Museum, HfG-Archiv

Allgemeine Firmenkorrespondenz

Gedruckte Quellen

Dokumente
50 Jahre WM. Schmitz & Co Seidenweberei Biberach Riss, [Biberach 1949].

Auszug aus dem Protokoll des Regierungsrates 1911, [Zürich 1912].

Siedlungsverein Biberach, Biberach [1925].

Unsere neuen Bauten, [Biberach] o. J., o. P.

Periodika

Anzeiger vom Oberland, Jgg. 1899, 1916, 1917, 1921, 1923, 1924, 1926, 1930

Biberacher Oberamtszeitung, Jg. 1943

Deutscher Reichsanzeiger, Jg. 1934

Schwäbische Zeitung, Jgg. 1955, 1971, 1989

Schweizerisches Handelsamtsblatt, Jgg. 1886, 1896, 1897, 1899, 1903, 1906, 1912, 1922

Literatur

60 Jahre demokratische Volksbildung. 25 Jahre Volkshochschule in der Oberen Schranne, hrsg. von der Volkshochschule Biberach mit den Städtischen Archiven (Biberacher kleine historische Reihe, Bd. 1), Biberach 2006.

Bärtschi, Hans-Peter: Industriekultur im Kanton Zürich, Zürich 1994.

Binder, Hans-Otto: Biberach in der Zeit der Weimarer Republik und der nationalsozialistischen Diktatur, in: Dieter Stievernann (Hrsg.), Geschichte der Stadt Biberach, Stuttgart 1991, S. 553-601.

Ders.: Biberach von 1945 bis zur Mitte der sechziger Jahre, in: Dieter Stievernann (Hrsg.), Geschichte der Stadt Biberach, Stuttgart 1991, S. 603-646.

Boelcke, Willi A.: Wirtschaftsgeschichte Baden-Württembergs von den Römern bis heute, Stuttgart 1987.

Böttger, Christian: Um ein soziales Bodenrecht. Adolf Damaschke (1865-1935), www.luise-berlin.de/bms/bmstxt97/9707porc.htm.

Buttschardt, Dieter: Guido Schmitz – ein Kultur schaffender Biberacher Unternehmer, in: Heimatkundliche Blätter für den Kreis Biberach 3 (1980), S. 23-28.

Faschismus, hrsg. von der Neuen Gesellschaft für Bildende Kunst und dem Kunstamt Kreuzberg, Berlin, Berlin/Hamburg 1976.

Hellmann, Thomas/Biege, Hans-Peter: Demokratischer Neuanfang – Dokumentation, in: 60 Jahre demokratische Volksbildung in Biberach. 25 Jahre Volkshochschule in der Oberen Schranne, hrsg. von der Volkshochschule Biberach mit den städtischen Archiven (Biberacher kleine historische Reihe, Bd. 1), Biberach 2006, S. 7-58.

Kleindienst, Carl: Birkendorf. Beitrag zu einer Genealogie seiner Anwesen, o. O. 1956 (masch.).

Kremer, Sabine: Hugo Häring (18812-1958). Wohnungsbau – Theorie und Praxis, Stuttgart 1984.

Rak, Christian: Machtergreifung 1933. Gleichschaltungen, Entlassungen, Inhaftierungen, in: Frank Brunecker (Hrsg.), Nationalsozialismus in Biberach, Biberach 2006, S. 23-39.

Ders.: 1945 – Stunde Null. Bombenkrieg, Besetzung, Abrechnung, in: Frank Brunecker (Hrsg.), Nationalsozialismus in Biberach, Biberach 2006, S. 232-249.

Schmidt, Uwe: Die Südbahn. Eisenbahn und Industrialisierung in Ulm und Oberschwaben, Ulm [2004].

Sechshundert Jahre Zürcher Seide, Begleitband zur Ausstellung zur 600-Jahr-Feier des Eintritts von Zürich in den Bund der Eidgenossen, Zürich 1951, S. 43-47.

Spitz, René Michael, Die politische Geschichte der Hochschule für Gestaltung Ulm (1953-1968). Ein Beispiel für Bildungs- und Kulturpolitik in der Bundesrepublik Deutschland, Diss. phil. Köln 1997 (masch.).

Stender, Detlef (Hrsg.): Industriekultur am Bodensee, Ein Führer zu Bauten des 19. und 20. Jahrhunderts, Konstanz 1992.

Abkürzungen

AvO	Anzeiger vom Oberland
BOZ	Biberacher Oberamtszeitung
dt.	deutsch
Gde.	Gemeinde
KA BC	Kreisarchiv Biberach
Lkr.	Landkreis
MU BC	Braith-Mali-Museum Biberach
österr.	österreichisch
OEW	Oberschwäbische Elektrizitätswerke
PA	Privatarchiv
schwäb.	schwäbisch
schweizer.	schweizerisch
SHAB	Schweizerisches Handelsamtsblatt
StA BC	Stadtarchiv Biberach
StA LB	Staatsarchiv Ludwigsburg
StA SIG	Staatsarchiv Sigmaringen
Stkr.	Stadtkreis
SZ	Schwäbische Zeitung
württ.	württembergisch
Verseidag	Vereinigte Seidenfabriken AG Krefeld

Bildnachweis

Braith-Mali-Museum Biberach: S Umschlag, 12, 13, 26, 27, 29, 30, 57, 79, 80, 83, 84, 85, 91, 92
Privatbesitz: S. 8, 10, 15, 17, 18, 19, 20, 21, 24, 25, 31, 53, 54, 55, 59, 74, 75, 82, 87, 88, 89
Stadtarchiv Biberach: S. 11, 35, 37, 38, 39, 40, 48, 62, 69, 77

Register

Ortsregister

Personenregister